不動産保有会社の
Real Property Holding Company
相続税対策Q&A

第6版 有利選択・設立・活用のすべて

朝日税理士法人
小林浩二 ─［編著］
Kobayashi Koji

木屋正樹 ─────［著］
Kiya Masaki

中嶋貴浩
Nakajima Takahiro

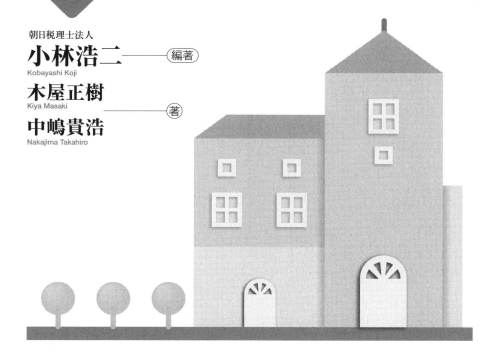

中央経済社

第6版改訂にあたって

本書を上梓してから約12年の歳月が流れました。

出版のきっかけは，「賃貸不動産を取得するにあたり，その不動産は個人で所有すればいいのか，法人で所有すればいいのか，どちらでしょうか」という疑問に答えるためでした。

人によって個人所有であったり，法人所有であったり，答えは質問者ごとに異なります（**Q-7**を参照）。

検討にあたっては，法人税と所得税等に加えて相続税も考慮しますが，その間，前提となる各税率は大きく変動しました。40％弱だった大企業の法人実効税率は29％台に引き下がり，他方，個人に課税される所得税等と相続税の最高税率は50％から55％に引き上げられました。

法人の実効税率と所得税等の最高税率の開差は実に9％から25％に拡大し，法人は減税，個人は富裕層を中心に増税という政策が明確になりました。

法人の減税の背景にあったのは世界的な法人税の引下げ競争（Race to the bottom）です。他国が法人税を引き下げ，わが国の税率が相対的に高くなると企業の国外移転を誘発し，同時に海外からの投資を阻害します。この法人税の引下げ競争が，賃貸不動産の保有主体の検討に大きな影響を与えたのです。

しかし，新型コロナウイルス感染症による危機をきっかけに世界の法人税の引下げ競争が転換期を迎えています。たとえば，英国は財源確保のため令和5年4月から大企業向けの法人税率を19％から25％に引き上げました。法人税率引上げは約50年ぶりの出来事です。

対するわが国は，赤字国債頼みの調達が続き，財源に関する議論は先送りされていますが，令和6年度税制改正大綱では，「今後，法人税率の引

上げも視野に入れた検討が必要である」と明記されました。

　最終的にわが国の法人税率が引き上げられるのか大いに注目すべきでしょう。

　ところで，第5版発行から3年が経過し，その間，本書に関わりが深い次の改正がおこなわれており，第6版ではこれらの改正に対応しています。

① 　民法の相続法制の見直し（令和3年4月）
② 　相続時精算課税制度の見直し（令和5年度）
③ 　相続税の計算上加算する暦年贈与の期間延長（令和5年度）
④ 　居住用の区分所有財産の評価の見直し（令和5年9月）

　最後になりましたが，改訂に際し多大なご協力を頂いた司法書士法人鴨宮パートナーズの代表中野裕史氏，中央経済社の川上哲也氏に厚くお礼を申し上げます。

　令和6年8月

小 林 浩 二
木 屋 正 樹
中 嶋 貴 浩

はじめに

「不動産保有会社」。聞き慣れないネーミングです。言葉としてまだ十分に認知されていないと思います。

「不動産管理会社」ならどうでしょう。あるいは不動産を資産という言葉に置き換えて「資産管理会社」ならどうでしょうか。それなら聞いたことがある，知っているという人が多いでしょう。でも大部分の人は不動産を管理する会社が不動産管理会社であるという，漠然とした理解にとどまっているのではないでしょうか。実際，不動産管理会社の統一的な定義があるわけではありません。

しかし，本書では不動産管理会社を分類し，不動産保有会社との関係を整理しています。なぜならそれは不動産オーナーと彼らにアドバイスをする税理士，銀行員，不動産関係者，保険を提案する人にとって，その理解が必須事項となったからです。

いつから必須事項になったかというと，平成23年11月です。その時期，法人の実効税率を41％弱から35％台に引き下げる法案が国会で成立しました。個人の場合，所得税と住民税をあわせた最高税率が50％。法人の実効税率との開きは9％台から15％弱に拡大することになったのです。

そうなると，人によっては今後の不動産の取得に際し，個人で所有するか，法人で所有するかで税引き後のキャッシュフローに大きな差が生じます。しかも不動産の賃貸経営は，新築から取り壊しまでの期間が30年から50年の長期にわたります。仮に1年あたりの儲けが1,000万円とします。個人の税率を50％，法人の税率を35％と仮定して単純計算すると，税引き後は個人で500万円，法人で650万円と実に1年あたり法人の方が150万円も手取りが良くなります。10年間で考えると1,500万円，30年間で4,500万円の差です。平成23年度の税制改正によって，不動産を個人・法人どちら

で所有するかで，手元資金にこれほどの違いが生じるようになったのです。

また，不動産を取得する際には，自己資金だけでなく金融機関からの借入金を併用して調達することが一般的です。借入金の返済をスムーズにおこなうには，税引き後のキャッシュフローを高めていかなければなりません。その観点からも，相談者ごとに個人保有が有利か，法人保有が有利かを取得時に判断することが必須です。検討の結果，個人保有が有利という結論になる方もいらっしゃいます。

本書は，不動産の賃貸事業そのものを取り扱うものではなく，相続税の課税が強化される中で，キャッシュフローの改善と次世代への財産承継という観点から，不動産保有会社について解説をおこなっています。

具体的な特徴としては次の3点です。

① 実務家にとっては不動産保有会社を活用した提案ができるよう実践を意識した内容になっています。新築時に法人が賃貸不動産を取得するケースだけでなく，現在，個人保有の賃貸建物を法人に売却するケースも詳細に取り上げています。

② 設立後の資産保有会社に対する提案業務ができるよう論点を明らかにした上で，その解決策を提示しています。具体的には法人に計上されている同族の個人に対する未払金・借入金，見方をかえると，その個人が亡くなった時に相続財産となる未収金・貸付金をどのように解消するかという点も詳細に検討しております。

③ 資産保有会社を財産承継の観点からも検討を加え，遺言書の作成，遺産分割協議を行う際の留意点を提示しています。

本書の特徴から不動産オーナー，税理士ばかりではなく，①については不動産関係者，銀行員，②については保険を提案する人，③については遺言作成業務に携わる人を対象とした内容にもなっております。

なお，本書が取り扱うテーマは資産税の専門家の中でも意見が分かれることがございますので，本文中の意見につきましては，私見であることをご了解ください。

　資産税分野の相談業務は，相談者の考え方，家族構成，年齢，不動産の数・形状・所在地等を把握した上で，相談者にとってのベスト・アンサーを探し出すという点に特徴があります。本書がそういった相談業務の中で，相談者の問題解決の一助になれば，望外の喜びです。

　最後になりましたが，本書の出版に理解を示していただいた中央経済社の秋山宗一編集長，担当していただいた矢澤泰幹編集次長に厚くお礼を申し上げます。

　平成24年10月

小林浩二
木屋正樹
高橋　学

i

目　　次

第1章 **いまなぜ不動産保有会社なのか**

Q-1 不動産保有会社とは—建物のみ所有と土地・建物所有の2類型 … **2**
不動産保有会社の概略を教えて下さい。また，不動産管理会社との関係はどうなっていますか。

Q-2 所得税・住民税と法人税等の税率の推移 ……………………… **5**
所得税・住民税と法人税等の税率は過去15年間，どのように推移しているのでしょうか。

Q-3 法人の実効税率引下げの背景とアフターコロナ ……………… **8**
日本の財政が悪化する中，平成23年度の税制改正以降，法人の実効税率引下げを伴う法人税改革が断行されてきたのはなぜですか。また，新型コロナウイルス感染症の終息後はどうなるのでしょうか。

Q-4 所有形態別の手取りの差額 ………………………………………… **11**
すでに個人の所得税と住民税の税負担が50％に達している地主が，賃貸マンションの建設を検討しています。建物の取得を個人名義でおこなうか，会社を設立して法人名義でおこなうかで悩んでいます。所有形態が異なると手取金額がそんなに変わるのでしょうか。

第2章 **不動産の取得　個人保有か法人保有か**
—不動産保有会社設立の判断ポイント—

Q-5 個人保有と法人保有，どちらが有利か①
　　—課税局面別の比較 ………………………………………………… **14**
賃貸不動産の保有，売却，相続といった課税局面別に個人保有と法人保有のどちらが有利か教えて下さい。

Q-6 個人保有と法人保有，どちらが有利か②──税率の比較 ……… **17**
所得税等と法人税等の税率の観点から，賃貸不動産を個人で保有するのと法人で保有するのとでは，どちらが有利か教えて下さい。

Q-7 個人保有と法人保有，どちらが有利か③──総合判定 ……… **20**
税率以外の検討項目も含め総合的な観点から，賃貸不動産を個人で保有するのと法人で保有するのとでは，どちらが有利か教えて下さい。

Q-8 年齢と節税対策のニーズと法人の活用 ……… **23**
年齢によってタックスプランニング上，留意する点があれば教えて下さい。

第3章 **不動産管理会社の種類と不動産保有会社との関係**

Q-9 管理方式のしくみ ……… **26**
不動産管理会社のうち，管理方式と呼ばれるものについて説明して下さい。

Q-10 転貸方式のしくみ ……… **29**
不動産管理会社のうち，転貸方式と呼ばれるものについて説明して下さい。

Q-11 不動産所有方式（不動産保有会社）のしくみ ……… **32**
不動産管理会社のうち，所有方式と呼ばれるものについて説明して下さい。

Q-12 不動産管理会社の税務調査 ……… **36**
不動産管理会社が税務調査を受ける際のポイントを説明して下さい。

第4章 **不動産保有会社による建物所有と土地貸借の税務**

Q-13 借地権とは ……… **40**
借地権について説明して下さい。私法上と税法上の概念は同じですか。

Q-14 権利金と権利金の認定課税とは ……… **43**
個人の土地に同族法人が建物所有を目的として，普通借地権の設定契約を締結します。権利金の支払いは必要ですか。また，権利金の認定課税とは何ですか。

目　次　iii

Q-15　相当の地代方式と無償返還方式 ················· **46**
個人の土地に同族法人が建物所有を目的とする普通借地権の設定契約を締結します。このとき，権利金の授受をおこなわない場合，権利金の認定課税（**Q-14**）の問題を回避する方法が2つあると聞きました。その2つの方法を説明して下さい。

Q-16　土地の使用貸借に関する税務上の取扱い ················· **50**
土地の使用貸借に関する税務上の取扱いを説明して下さい。

Q-17　相当の地代方式と無償返還方式のどちらを採用すべきか ··· **53**
相当の地代方式と無償返還方式のどちらを採用すべきでしょうか。

第5章　不動産保有会社　建物のみ所有する方式の実践

Q-18　法人による建物所有方式が相対的に有利①─概要 ················· **56**
個人の土地に同族法人名義で賃貸建物を所有するスキームの概要について説明して下さい。

Q-19　法人による建物所有方式が相対的に有利②
─築年数ごとにみた不動産の収支構造と税負担 ················· **59**
賃貸建物の築年数からみた収支構造と税負担の関係を説明して下さい。

Q-20　法人による建物所有方式が相対的に有利③
─メリットとデメリット ················· **62**
法人による建物所有方式（不動産保有会社）を採用する際のメリットとデメリットを説明して下さい。

Q-21　個人が法人に建物を譲渡するときの価格 ················· **66**
私は複数のアパートを所有し賃貸経営をおこなっています。このたび，保有するアパートを同族会社に売却することを考えています。アパートの敷地部分は売却しません。建物の譲渡価格はいくらにすればよいでしょうか。また，どのアパートを売却すればよいのでしょうか。

Q-22　法人が建物を取得するための資金調達①─収益建物の新築 ···**69**
私（父）の土地に長男が出資して設立した同族法人がアパートを建築するという計画を検討しています。同族法人がアパートを建築するための資金調達について教えて下さい。

Q-23 法人が建物を取得するための資金調達②
―中古の収益建物の購入 ················· **72**

私（父）は保有するアパートを長女が出資する新設の同族法人に売却することを考えています。同族法人には売却代金に相当する資金がありません。資金調達はどのようにすればよいでしょうか。

第6章　不動産保有会社の設立

Q-24 不動産保有会社の設立方法 ················· **76**
不動産保有会社を設立しようと考えています。会社にはどのような形態があるかを教えて下さい。

Q-25 不動産保有会社を設立するための手続き ················· **79**
不動産保有会社を設立するための手続きの流れを教えて下さい。

Q-26 設立にあたって決定すべき事項 ················· **82**
不動産保有会社の設立にあたって決めなければならない事項は何でしょうか。

Q-27 出資は誰がすべきか①―建物所有方式のケース ················· **86**
建物だけを所有する会社の設立を考えていますが，この会社の出資者は誰にすればよいでしょうか。

Q-28 出資は誰がすべきか②―土地・建物所有方式のケース ················· **89**
土地・建物を所有する会社の設立を考えていますが，この会社の出資者は誰にすればよいでしょうか。

Q-29 出資の方法―金銭出資と現物出資 ················· **91**
出資の方法に現物出資というのがあると聞きました。金銭出資との違いを教えて下さい。私（個人）は会社の設立にあたって不動産の現物出資を検討中です。

Q-30 資本金の額はいくらがよいか ················· **93**
不動産保有会社の設立にあたり，資本金の額はいくらにすればよいでしょうか。

Q-31 決算期はいつにすべきか ················· **95**
不動産保有会社の決算期はいつにしたらよいでしょうか。

目　次　v

Q-32　設立費用 ·· **97**
不動産保有会社を設立するための費用はどのくらいかかるのでしょうか。

Q-33　設立時の届出書類 ·· **99**
不動産保有会社を設立したときには，いつまでに，どのような書類を，
どこに提出する必要がありますか。

第7章　不動産保有会社と消費税

Q-34　消費税の概要 ·· **104**
消費税のしくみについて教えて下さい。

Q-35　納税義務者と免税事業者，課税取引と非課税取引，
**　　　 課税期間と申告・納付** ·· **106**
消費税はすべての取引に課税され，あらゆる方が課税事業者に該当
するのでしょうか。そして，課税事業者になった場合には，いつま
でに申告と納付をおこなえばよいのでしょうか。また，インボイス
制度と課税事業者の関係がわかりません。

Q-36　消費税の計算方法─原則課税と簡易課税 ························ **111**
消費税の計算方法には原則課税方式と簡易課税方式があると聞きま
すが，それぞれの計算方法を教えて下さい。また，免税事業者から
インボイス発行事業者となった場合の「2割特例」の内容も教えて
下さい。

Q-37　資産の譲渡者と取得者の課税関係 ································· **119**
資産を売買したときの売主側と買主側の消費税の課税関係を教えて
下さい。

Q-38　事業用賃貸建物（事務所，店舗，倉庫，工場）の取得と
**　　　 消費税の還付** ·· **121**
同族法人が個人から居住用賃貸を除く事業用の賃貸建物（貸事務所，
貸店舗，貸倉庫等）を売買により取得した場合，消費税の課税関係
はどのようになりますか。

Q-39　居住用賃貸建物の取得と消費税額の控除 ······················ **124**
同族法人が個人から居住用の賃貸建物を取得した場合も，Q-38の事
業用の賃貸建物を取得したときと消費税の課税関係は同じでしょうか。

Q-40 居住用賃貸建物に係る消費税額の調整 ················· **126**

Q-39の適用を受けた居住用の賃貸建物をその後店舗等による事業用の賃貸へ一部変更しました。消費税の計算上，何か影響はあるのでしょうか。

Q-41 取得後の留意事項―調整対象固定資産に該当する場合 ··············· **128**

固定資産を取得した後，3年以内に用途を変更する計画があります。消費税の計算上，何か影響はあるのでしょうか。

Q-42 高額特定資産を取得した場合の納税義務の免除等の特例措置 ················· **132**

高額な資産を取得等した場合には，仕入控除税額の計算上一定の制限があるそうですが，その内容を教えて下さい。

第8章 不動産保有会社設立後の対応

Q-43 法人に社長等の借入金等がある場合の対応①―借入金 ······· **136**

長男が出資して設立した同族会社が父の土地にアパートを新築した際に父から借りた借入金がまだ残っています。このまま相続が発生するとこの借入金は相続財産になると聞きましたが，その問題点について説明して下さい。

Q-44 法人に社長等の借入金等がある場合の対応②―未払金 ······· **141**

次男が出資して設立した同族会社が父から中古の賃貸マンション1棟を売買により取得した際に代金を分割払いとし，その未払金がまだ残っています。このまま相続が発生するとこの未払金は相続財産になると聞きましたが，その問題点について説明して下さい。

Q-45 法人に社長等の借入金等がある場合の対応③ ················· **142**

同族法人は社長等から借入れがあります。役員報酬を減額して借入金の返済に充てた場合とそうでない場合とで，債権者である社長等のキャッシュフローに違いが生じますか。

Q-46 法人に資金を貯めるか，給与による分散か ················· **144**

今後，不動産保有会社で経常的に利益が発生する見込みです。役員報酬を増額して，不動産保有会社の利益を圧縮した方がよいですか。

目　次　vii

Q-47　保険を活用した対策①―将来の役員退職金に備える ┈┈┈┈┈ **147**
　保険を活用した将来の役員退職金の準備について教えて下さい。

Q-48　生前の退職金とするか，死亡退職金とするか ┈┈┈┈┈┈ **150**
　役員退職金は相続発生後に支払う方法もあると聞きました。役員退職金を生前に支給する場合と，相続発生後に死亡退職金として支給する場合の違いを教えて下さい。

Q-49　保険を活用した対策②―将来の建替資金等に備える ┈┈┈┈┈ **153**
　将来の建替資金について，保険を活用して準備する方法を説明して下さい。

Q-50　保険を活用した対策③―将来の相続税の納税資金に備える ┈┈ **155**
　不動産保有会社で加入する保険を活用して将来の相続税の納税資金を準備するしくみを説明して下さい。

Q-51　相続税の申告期限の翌日以後３年以内に土地を売却して納税資金を確保する ┈┈┈┈┈┈┈┈┈┈┈┈ **158**
　将来，相続が発生した時には，相続税の納税資金が足りないので，相続で取得した土地を売却して納税する予定です。相続発生後に土地を売却して納税資金を準備する方法を説明して下さい。

Q-52　取得費加算の特例とは ┈┈┈┈┈┈┈┈┈┈┈┈ **161**
　相続で取得した不動産や株式を売却すると，相続税を取得費に加算できる制度があると聞きました。この特例について教えて下さい。

第9章　次世代への資産の承継

Q-53　相続税の基礎知識 ┈┈┈┈┈┈┈┈┈┈┈┈┈┈ **166**
　相続税のしくみについて教えて下さい。

Q-54　土地の価格体系と相続税評価額 ┈┈┈┈┈┈┈┈┈ **169**
　土地は一物多価といわれますが，土地の価格体系と相続税評価額の関係について説明して下さい。

Q-55　建物の建築価額，固定資産税評価額，相続税評価額 ┈┈┈ **172**
　建物の評価額も複数あるようですが，建築価額，固定資産税評価額，相続税評価額の関係について説明して下さい。

Q-56 不動産保有会社の株式の相続税評価額 ·········· **174**

不動産保有会社の株式も相続財産になるようですが，非上場会社の株式の相続税評価額について説明して下さい。

第10章 資産承継のポイント

Q-57 遺言書がある場合とない場合の違い ·········· **182**

「争族」対策に遺言書が有効と聞きますが，遺言書がある場合とない場合の違いについて教えて下さい。

Q-58 遺産分割協議の不成立 ·········· **184**

遺言書もなく，相続人間で遺産分割協議もまとまりません。相続開始から10か月経っても分割協議が不成立のときは，家庭裁判所を利用しようと考えていますが，税務上どのような悪影響があるか教えて下さい。

Q-59 遺留分減殺請求から遺留分侵害額請求へ ·········· **189**

遺言書があり，資産を相続することになりましたが，他の相続人から遺留分侵害額請求を受けました。遺留分侵害額請求について民法の改正も踏まえて説明して下さい。

Q-60 民法上の相続財産と相続税法上の相続財産 ·········· **191**

民法上の相続財産と相続税法上の相続財産は異なると聞きました。その違いについて教えて下さい。

Q-61 家族構成と財産の分割①—概要 ·········· **194**

家族構成と財産の分割の方法はどのように考えればよいですか。

Q-62 家族構成と財産の分割②—無償返還届出書を活用した分割 ·········· **198**

無償返還届出書を活用した財産の分割の方法について説明して下さい。

Q-63 家族構成と財産の分割③—会社分割の活用 ·········· **201**

会社を2つに分ける会社分割が「争族」対策に有効と聞きました。会社分割について説明して下さい。

本書は令和6年4月1日現在の法令通達によっています。

第1章

いまなぜ
不動産保有会社なのか

Q-1 不動産保有会社とは—建物のみ所有と土地・建物所有の２類型

不動産保有会社の概略を教えて下さい。また，不動産管理会社との関係はどうなっていますか。

ポイント

本書でいう不動産保有会社は，不動産管理会社の一方式で，建物のみ所有するというタイプと土地・建物を所有するというタイプの２類型を想定しています。

A

「不動産管理会社」という名称に比べて，「不動産保有会社」という名称はまだ聞きなれない言葉かもしれません。ここでは，両者の関係を整理することにより，不動産保有会社を理解します。また，不動産管理会社あるいは不動産保有会社は，いずれも同族会社を想定しています。

資産家である個人が，不動産の賃貸事業をおこなう際，所得税等の軽減，相続財産の増加の防止等の観点から，同族会社である資産管理会社を活用し，一族全体のキャッシュフローの改善を目指します。キャッシュフローの改善を目指さないと，不動産の維持管理コストである固定資産税等，金融機関に対する借入金の返済，将来の相続税の納税資金の確保に支障をきたす恐れがあります。

不動産管理会社は次の３つに分かれます。

① 管理方式

資産家の方が賃貸不動産を取得する際，個人名義で不動産を所有し，同族の不動産管理会社でその物件を管理する方式（**Q-9**を参照）です。

② 転貸方式（サブリース方式）

資産家が個人名義で賃貸不動産を取得し，その物件を不動産管理会社に一括して貸し付ける方式（**Q-10**を参照）です。この場合，不動産管理会社は，個人オーナーに一括借り上げ家賃を支払い，他方で入居者の募集をかけて家賃収入を得ることになります。

③ 所有方式

資産家の方が賃貸不動産を取得する際，本人あるいは親族が出資した同族法人の名義で不動産を所有する方式（**Q-11**と**Q-18**を参照）です。不動産管理会社が所有する不動産としては，建物のみ，土地・建物，土地のみの３種類が考えられますが，本書では，建物のみ所有（③－１）と土地・建物所有（③－２）を想定します。なぜなら不動産の収益力は土地ではなく，賃貸建物にその源泉があるからです。

この③のパターンの不動産管理会社を本書では不動産保有会社と定義して，その設立から活用方法まで検討します。

家賃収入は建物の名義人のものです。したがって，③のパターンは家賃収入が100％不動産保有会社に帰属するので，個人から家賃収入を100％分離することが可能となります。また，平成23年度から平成28年度までの税制改正により，法人の実効税率[※]が41％弱から29％台に下がった結果（**Q-2**を参照），③の不動産保有会社の活用を積極的に検討すべきと思われます。

[※] 法人実効税率とは，国税である法人税と地方法人税を含めて，法人の所得に課税される税の実質的な負担率を示すもので，法人地方税の一部が税の計算上，損金に算入されることを考慮しています。

【図表1-1】 不動産管理会社と不動産保有会社の関係

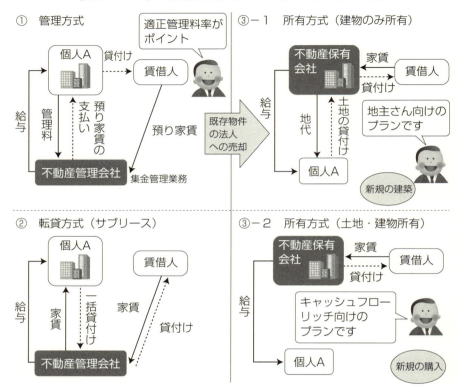

第1章 いまなぜ不動産保有会社なのか 5

Q-2 所得税・住民税と法人税等の税率の推移

所得税・住民税と法人税等の税率は過去15年間，どのように推移しているのでしょうか。

ポイント

法人の実効税率の引下げと所得税の引上げの結果，個人が負担する最高税率と法人が負担する実効税率の差が，平成23年度の約9％から平成28年度以降は約26％へと拡大しました。税負担の重い人にとっては法人の方が有利になっています。法人の中でも中小法人はさらに有利です。

A

法人の実効税率は，平成24年度から平成28年度までの間に，大法人を前提とすると，41％弱→38％程度→35％台→32％台→29％台の順で引き下げられました。

本書が想定する不動産保有会社は中小法人(※)を念頭に置いています。中小法人は，所得の区分により税率が3つに分かれますが，法人の儲けである所得が800万円以下（400万円超）なら，26％台→24％台→23％台の順で引き下げられ，大法人と比較すると税負担がかなり低くなっています。

法人税の引下げとは対照的に，個人にかかる所得税の税負担は重くなりました。所得税の最高税率は平成27年より5％引き上げられています。

（※）「中小法人」とは，次の法人を除いた期末資本金の額が1億円以下の普通法人です。
- 大法人（資本金の額が5億円以上の法人）による完全支配関係のある法人
- 100％グループ内の複数の大法人に発行済株式の全部を保有されている法人

【図表1－2】 法人の実効税率の推移

事業年度		大法人	中小法人		
決算期	年度		400万円以下	400万円超 800万円以下	800万円超
～平成24年3月期	23年度	40.69%	24.49%	26.44%	40.86%
平成25年3月期～ 平成26年3月期	24年度・ 25年度	38.01%	22.86%	24.56%	38.37%
平成27年3月期	26年度	35.64%	21.43%	23.16%	36.05%
平成28年3月期	27年度	32.11%	21.42%	23.20%	34.33%
平成29年3月期～ 平成30年3月期	28年度・ 29年度	29.97%	21.42%	23.20%	33.80%
平成31年3月期～	30年度	29.74%	21.42%	23.20%	33.59%
令和2年9月期～	元年度	29.74%	21.37%	23.17%	33.58%

　個人が負担する最高税率と法人が負担する実効税率の差が，図表1－3にあるとおり，約9％から約13％，約20％，約26％へと徐々に拡大してきました。所得税等の負担の重い人にとっては法人の税率の方がかなり有利になっています。

　一連の税制改正により法人実効税率は下がりましたが，この潮流は新型コロナウイルス感染症をきっかけに変わるかもしれません（Q-3を参照）。しかしながら，個人の所得税等の最高税率と法人の実効税率の約26％の差が，多少，縮小することはあっても，以前の9％に戻るということは想像しがたいのです。そうなると，税負担の重い個人オーナーを前提にすると，賃貸不動産を法人で所有する方が，長期的な視点では有利さが際立つと思われます。

第1章 いまなぜ不動産保有会社なのか 7

【図表1－3】 所得税等の最高税率と法人の実効税率の推移

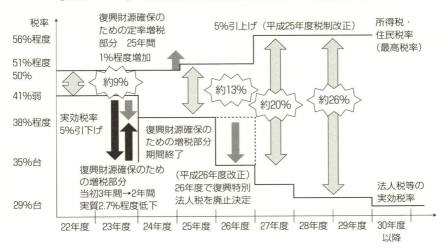

Q-3　法人の実効税率引下げの背景とアフターコロナ

　日本の財政が悪化する中，平成23年度の税制改正以降，法人の実効税率引下げを伴う法人税改革が断行されてきたのはなぜですか。また，新型コロナウイルス感染症の終息後はどうなるのでしょうか。

ポイント

　平成23年度の税制改正で，製造拠点や研究開発拠点の海外流出を抑制し，国内の投資拡大と雇用創出のために，法人の実効税率を5％引き下げることが決定されました。その後，継続的に議論が行われ，平成28年度の税制改正で，ついに目標とされてきた20％台が実現することとなりました。しかし，コロナ対策による巨額の財政支出の後始末のために，政策が転換される可能性があります。

A

⑴　平成23年度の税制改正

　法人の実効税率を引き下げたことについては，国の財政が悪化している中，なぜと思われたかもしれません。しかし，製造拠点や研究開発拠点の海外流出を抑制し，国内の投資拡大と雇用の創出，デフレ脱却のためには必要だと判断されました。

　経済産業省は，この5％引下げは主要国並みに引き下げるための「第一歩として」位置づけました[※]。

　（※）　経済産業省が平成22年12月に公表した『平成23年度税制改正について（参考資料）』によると，「国際的に見て高すぎる法人実効税率を主要国並みに引き下げるための第一歩として，法人実効税率を5％引き下げる」とあります。さらに，平成22年6月3日に公表された『産業構造ビジョン2010』では，国際的水準を25％〜30％と考え，それを目指した法人税率（国と地方を含む）の引下げを図ることを提言しています。

第1章　いまなぜ不動産保有会社なのか　9

(2)　平成26年度の税制改正

　平成24年12月26日に誕生した第2次安倍内閣は日本経済再生に向け，3本の矢を放ちました。第1の矢が「大胆な金融政策」，第2の矢が「機動的な財政政策」，第3の矢が民間投資を喚起する「成長戦略」です。この第3の矢である日本再興戦略に関連して，法人税等の実効税率の引下げ議論がおこなわれてきました。

　平成26年度税制改正大綱では，法人実効税率の引下げについては見送られましたが，その基本的な考え方の中で，法人実効税率のあり方について，「引き続き検討を進める」と明記されました。

(3)　平成28年度の税制改正

　企業が収益力を高め，前向きな国内投資や賃金引上げにより積極的に取り組むことを促すため，法人実効税率の20%台への引下げが決まりました。

　この結果，法人実効税率は平成28年度に29.97%，平成30年度には29.74%になりました。

(4)　新型コロナウイルス感染症による影響

　新型コロナウイルス感染症による危機をきっかけに世界の法人税の引下げ競争が転機を迎えています。

　コロナ対策の財源確保のため，英国は令和5年4月から大企業向けの法人税率を19%から25%に引き上げました。法人税率引上げは約50年ぶりの出来事です。

　令和6年1月時点の主要各国の法人実効税率は次のとおりです。

（単位：%）

日本	米国	フランス	ドイツ	イタリア	カナダ	英国
29.74	27.98	25.00	29.93	24.00	26.50	25.00

（財務省HP「諸外国における法人実効税率の比較」）

対するわが国のコロナ対策費用70兆円は，赤字国債での調達が続きました。財源に関する議論は先送りされていますが，令和6年度税制改正大綱では，「今後，法人税率の引上げも視野に入れた検討が必要である」と明記されました。この大綱の文章の中に政策転換のメッセージが表現されていますが，**Q-2**で指摘したとおり，個人の所得税等の最高税率と法人の実効税率の約26％の差が多少縮小することはあっても平成23年度の水準まで戻ることは考えがたいです。

【図表1－4】 法人課税の方向性

「わが国の法人税率は，これまで約40年間にわたって段階的に引き下げられ，現在の法人税率は，最高時より20％ポイント程度低い23.2％（実効税率ベースでは29.74％）となっている。こうした中で，わが国の法人税収は，足下の企業収益の伸びに比して緩やかな伸びとなっており，法人税の税収力が低下している状況にある。」

法人税率の引下げにより，「企業経営者がマインドを変え，内部留保を活用して投資拡大や賃上げに取り組むことが期待された」が，「わが国においては，長引くデフレの中での「コストカット型経済」の下で，賃金や国内投資は低迷してきた。」

「令和4年度税制改正大綱において指摘した通り，近年の累次の法人税改革は意図した成果を上げてこなかったと言わざるを得ない。」

こうした認識の下，令和6年度税制改正では，「賃上げや投資に積極的な企業への後押しを行うこととしているが，その一方で，それらに消極的な企業に対しては，一定のディスインセンティブ措置により行動変容を促す取組みも行うこととしている。」

「こうしたメリハリ付けの観点とともに，財源の確保も重要である。巨額の財政赤字を抱えるわが国において，海外の制度を例に倣う際には，単に減税施策のみを模倣するのではなく，しっかりとした財源措置も同時に行うべきである。」

「世界の法人税の引下げに係る，いわゆる「底辺への競争」（Race to the bottom）に一定の歯止めがかかるようになった中，賃上げや投資に消極的な企業に大胆な改革を促し，減税措置の実効性を高める観点からも，レベニュー・ニュートラルの観点からも，今後，法人税率の引上げも視野に入れた検討が必要である。」

(令和6年度税制改正大綱「税制措置の実効性を高める「メリハリ付け」」より抜粋)

第1章 いまなぜ不動産保有会社なのか 11

Q-4 所有形態別の手取りの差額

すでに個人の所得税と住民税の税負担が50％に達している地主が，賃貸マンションの建設を検討しています。建物の取得を個人名義でおこなうか，会社を設立して法人名義でおこなうかで悩んでいます。所有形態が異なると手取金額がそんなに変わるのでしょうか。

ポイント

すでに個人の税負担が50％に達している方にとっては，税率だけで判断すると，法人名義の取得が有利になります（**Q-6**と**Q-7**を参照）。

A

図表1－5をご覧下さい。極めて単純化したモデルで試算した結果です。

【図表1－5】 所有形態別の手取りの差①

	個人（※）	法人	差額
税引前所得	1,000万円	1,000万円	0円
税　金	510万円	340万円	△170万円
税引後所得	490万円	660万円	170万円
減価償却費	900万円	900万円	0円
借入金返済原資	1,390万円	1,560万円	170万円

(※) 1,800万円超の所得がある個人が，追加で不動産投資を行うとき，追加の不動産所得1,000万円に対する税負担のイメージです。ただし，追加の不動産所得を加味した課税所得金額は4,000万円以下と仮定。税引前の追加不動産所得を1,000万円，減価償却費を900万円と仮定。
　個人の税金については，51％（所得税および住民税）で試算しています。（厳密には平成25年から令和19年まで50.84％）
　法人の税金については，34％（令和6年度）で試算しています。（厳密には中小法人800万円超なら33.58％）

法人化することで税金が170万円減少するので，借入金の返済原資に大きな差が生じます。

本件では，建築費が3億円，1年当たりの賃料収入が3,000万円，税引前の所得水準が1,000万円と仮定しています。その結果，1年当たり170万

円の手取金額の差が発生しています。賃貸不動産の投資は，新築から取り壊しまで30年から50年の期間で考えるべきものです。その結果，手取金額の差は10年間で1,700万円，20年間で3,400万円，30年間で5,100万円になります。借入金の返済原資を確保する観点からは，大きな差が生じているといえるでしょう。

なお，法人による新規の取得でその法人が中小法人に該当する場合，所得金額800万円までは軽減税率の適用を受けるので，税負担は340万円ではなく，250万円ぐらいのイメージです（**Q-2**を参照）。税負担が個人所有の場合と比較して半分ぐらいになります。

所得税の最高税率は平成27年から5％引き上げられました。その結果，課税所得金額4,000万円超の方の税負担は55.945％になりました。内訳は，所得税45％，住民税10％，復興特別所得税0.945％です。すでに課税所得が4,000万円超の方が，同様の条件で不動産投資したときの試算結果が図表1－6です。所有形態別の手取りの差が一段と拡がっているのがわかります。

【図表1－6】 所有形態別の手取りの差②

	個人（※）	法人	差額
税引前所得	1,000万円	1,000万円	0円
税　　金	560万円	340万円	△220万円
税引後所得	**440万円**	**660万円**	220万円
減価償却費	900万円	900万円	0円
借入金返済原資	1,340万円	1,560万円	**220万円**

（※） 4,000万円超の所得がある個人が，追加で不動産投資を行うとき，追加の不動産所得1,000万円に対する税負担のイメージです。税引前の追加不動産所得を1,000万円，減価償却費を900万円と仮定。
　　個人の税金については，56％（所得税および住民税）で試算しています。（厳密には平成25年から令和19年まで55.945％）
　　法人の税金については，34％（令和6年度）で試算しています。（厳密には中小法人800万円超なら33.58％）

法人化することで税金が220万円減少するので，借入金の返済原資に大きな差が生じます。

第2章

不動産の取得
個人保有か法人保有か
―不動産保有会社設立の判断ポイント―

Q-5 個人保有と法人保有，どちらが有利か①
─課税局面別の比較

　賃貸不動産の保有，売却，相続といった課税局面別に個人保有と法人保有のどちらが有利か教えて下さい。

ポイント

　税率で判断すると所得税等の税負担が重い個人にとって次世代に承継させたい賃貸不動産は，法人保有の方が有利です。

A

(1)　保有時

　個人の場合，所得を10種類に分類し，不動産の賃貸に係る部分は不動産所得として給与や年金等と合算して課税（総合課税）されます。その結果，課税所得金額に応じて，所得税は累進課税されます。住民税を含めると15％〔15.105％〕から55％〔55.945％〕の税負担になります（Q-6を参照）。

　法人の場合，不動産の賃貸や不動産の売却といった取引の種類に関係なく，所得を計算し，税率を乗じて法人税等を計算します。法人の実効税率は，中小法人のケースでは，平成28年度以降33％台になりました。ただし，800万円以下の所得に対しては，21％から23％台の税率です（Q-2を参照）。

　どちらが有利か不利かは，個人の課税所得の水準によってまちまちでしょう。少なくとも個人の課税所得金額が900万円を超える方にとっては税負担が43％〔43.693％〕になるので，税率面では法人で保有した方が，有利になります。

(2)　売却時

　個人の場合，賃貸不動産の売却に係る部分は譲渡所得として他の所得と合算しないで分離課税されます。所有期間に応じて税率は異なり，譲渡し

た年の1月1日現在5年を超えて所有すると長期になり，税率は原則として20％（所得税15％，住民税5％）〔20.315％〕で計算します。簡単に言うと，不動産を取得して6回正月を迎えると譲渡所得の課税上，長期になります。

法人の場合，取引の種類に関係なく所得を計算するので，保有時と同じ税率が適用になります。

個人の長期所有を前提にすると，税負担は売却益に対して20％〔20.315％〕で済むので，個人保有の方が有利といえるでしょう。しかし，法人では，取引の種類に関係なく所得計算するので，保険やリース商品等を使ったタックスプランニングが可能となり，不動産の売却益を他の費用・損失と相殺して減額する余地があります。

(3) 相続時

個人が賃貸不動産を所有すると，当たり前のことですが土地は土地として，また建物は建物として財産評価をおこないます。

法人が賃貸不動産を所有し，亡くなった方がその法人の未上場株式を保有している場合，評価対象はその未上場株式になります。不動産を所有しているのはあくまでも法人なので，株価を算定する際に不動産の財産評価をします。亡くなった方がその法人の株式を保有していないときは，その株式は相続財産にはなりません。

どちらが有利か不利かは，株価計算のしくみの関係で，不動産を現物として評価するより，株式で評価する方が有利です。ただし，法人が賃貸不動産を取得してから3年以内に株主に相続が発生し，株価計算をおこなう場合は不動産を時価評価することになるので，株式で評価する方が不利になることがあります。

⑷　**結　論**

　所得税等の負担が重い人を前提に総括します。賃貸不動産を次世代に承継させたいと考えると，保有時と相続時の税負担が軽い法人保有が有利です。それに対して，不動産を転売目的で取得し，6回正月を迎えてから売却する想定なら，タックスプランニングを考慮しないときは，個人保有が有利になります。

※　〔　〕は復興特別所得税を含む税率。平成25年から令和19年まで適用。

【図表2-1】　課税局面における個人保有と法人保有の有利・不利

課税局面	個人保有		法人保有	
保有時	×	不動産所得（収入－経費）に累進税率課税 ⇒最高55.945%	○	法人税課税（実効税率41%弱→段階的に引下げ→33%台） 給与による所得分散効果
売却時	○	短期保有：39.630% 長期保有：20.315%	×	法人税課税（実効税率　同上） →タックスプランニングの余地あり
相続時	×	土地での評価 （相続時の路線価評価額）	○	株式での評価 （純資産額は含み益に37%相当減額して評価）

○×…個人保有と法人保有の有利・不利の比較判定
（※）　上記判定は，想定する被相続人の年齢，小規模宅地の特例等の関係で変わる可能性があります（**Q-7**を参照）。

第2章　不動産の取得　個人保有か法人保有か　17

Q-6　個人保有と法人保有，どちらが有利か②──税率の比較

　所得税等と法人税等の税率の観点から，賃貸不動産を個人で保有するのと法人で保有するのとでは，どちらが有利か教えて下さい。

ポイント

　税率だけで比較すると，課税所得金額が900万円を超えると法人所有が有利になり，課税所得金額330万円超ならケースバイケースといえます。検討にあたっては限界税率を使って判断します（**Q-7**を参照）。

A

　図表2－2を使って説明します。縦軸は税率，横軸は課税所得金額を示しています。住民税は課税所得金額の水準に関係なく一律10％です。それに対して所得税は，課税所得金額に応じて5％〔5.105％〕から45％〔45.945％〕です。これを累進課税といいます。したがって，課税所得金額の増加に伴い，所得税・住民税の税率は15％→20％→30％→33％→43％→50％→55％と階段を上るように上がっていきます。

　法人に関しては，中小法人の実効税率を示しています。800万円以下の所得に対しては21％から23％台，800万円超の所得は33.58％の税率です（**Q-2**を参照）。なお，大法人の実効税率は29.74％です。

　中小法人の税率だけで比較すると，課税所得金額900万円超なら個人が43％〔43.693％〕から55％〔55.945％〕になるのに対し，法人は33％台となり，法人所有が有利になります。課税所得金額330万円超695万円以下で個人の税負担は30％〔30.42％〕。中小法人の実効税率21.37％とここで逆転します。

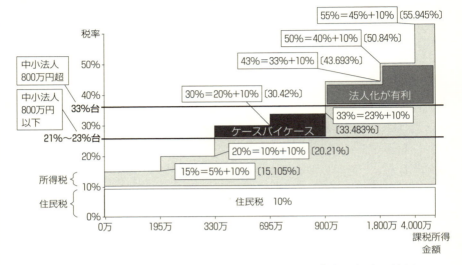

【図表２－２】 税率による個人所有と法人所有の有利・不利

※ 〔　〕は復興特別所得税を含む税率。平成25年から令和19年まで適用。

<所得税一般税率>

課税所得金額	税率
195万円以下	5%
195万円超　330万円以下	10%
330万円超　695万円以下	20%
695万円超　900万円以下	23%
900万円超　1,800万円以下	33%
1,800万円超　4,000万円以下	40%
4,000万円超	45%

　次に，課税所得金額の水準により税額がどのように異なるかをご確認下さい。厳密に計算するときには所得税の計算では青色申告特別控除等を加味することになりますし，法人税の計算ではより広く経費が認められる余地があるため，その点も考慮して法人税の税額を算出することになりますが，単純に税額計算すると図表２－３のようになります。

第2章　不動産の取得　個人保有か法人保有か　19

【図表2－3】　課税所得金額による税額の比較表

（単位：円）

課税所得金額	所得税等	法人税等	差　　額
400万円	772,500 〔780,322〕	854,800	－82,300 〔－74,478〕
800万円	2,004,000 〔2,029,284〕	1,781,600	222,400 〔247,684〕
1,000万円	2,764,000 〔2,801,044〕	2,453,200	310,800 〔347,844〕
2,000万円	7,204,000 〔7,313,284〕	5,811,200	1,392,800 〔1,502,084〕
3,000万円	12,204,000 〔12,397,284〕	9,169,200	3,034,800 〔3,228,084〕
4,000万円	17,204,000 〔17,481,284〕	12,527,200	4,676,800 〔4,954,084〕
5,000万円	22,704,000 〔23,075,784〕	15,885,200	6,818,800 〔7,190,584〕
1億円	50,204,000 〔51,048,284〕	32,675,200	17,528,800 〔18,373,084〕

• 課税所得の計算上，法人税の方が所得税と比べてより広く経費が認められる余地があります。
• 所得税等は令和2年分以降の税率による計算。
• 〔　〕は所得税・住民税に加え，復興特別所得税を加味した税額あるいは差額。
• 法人税等は令和2年度以降の実効税率による計算。

Q-7　個人保有と法人保有，どちらが有利か③──総合判定

税率以外の検討項目も含め総合的な観点から，賃貸不動産を個人で保有するのと法人で保有するのとでは，どちらが有利か教えて下さい。

ポイント

賃貸不動産の取得に際しては，税率だけでなく総合的に判断して，個人名義にするか，法人名義にするかを決定すべきです。①の年齢と⑦の貸付債権等の問題は特に重要です。

A

図表2－4に従って，順次検討しましょう。

①　年　齢

男性の平均寿命が81歳台，女性の平均寿命が87歳台となり，日本はまさに長寿国といえる状況です。70代，80代の方が相続税対策を念頭に賃貸不動産を取得する場合，健康状態に自信がないときには即効性を重視する必要があります。

例えば，1億円の賃貸不動産を購入するとし，その相続税評価額は6,000万円とします。個人名義で取得すれば，取得した時から相続税評価額は6,000万円です。それに対して，法人を設立して法人名義で取得すれば，株価の算定上，3年間はその不動産を時価で評価することになります。つまり，取得から3年間は1億円をベースに評価します。相続税対策の効果の観点からは，個人名義での取得の方が即効性が強いといえます。

②　保有目的が転売

所有期間が1月1日現在5年超となるぐらいから，転売するつもりで賃

第2章 不動産の取得 個人保有か法人保有か 21

【図表2－4】 個人保有と法人保有の有利・不利の判定表
原則として，ある程度の家賃収入が見込めれば法人所有の方が有利だが…

① 年齢・健康状態から判断して相続税対策重視 ➡個人保有（法人は3年縛り）
② 保有目的：6年超保有したら売却を視野に入れている ➡個人保有
③ 自宅が小規模宅地等の評価減の対象にならない可能性大
　　他に収益物件を保有していない ➡個人保有

⬇ ①から③で個人保有に該当しなければ，法人保有を検討するため④から⑦をチェック

④ 法人保有するだけの家賃収入があるか ➡ある
⑤ 法人税の税率と所得税等の税率を比較 ➡法人税の限界税率の方が低い
⑥ 超長期の保有目的であるか ➡超長期保有
⑦ 法人で物件を取得する際，個人が法人に取得資金を貸し付けるか
　　➡貸し付けない／貸し付けても返済可能

⬇

④から⑦の「➡」にすべて該当したら，法人保有が有利といえるでしょう

貸不動産を取得する場合，売却益に係る税金は個人なら原則20％〔20.315％〕です。タックスプランニングを考慮しなければ，法人保有より個人保有の方が有利です。

③ 小規模宅地等の評価減

近年，特定居住用の小規模宅地等の評価減（以下，「小宅」といいます）の適用要件が厳格化されました。その結果，特定居住用の適用要件を満たさないときは，賃貸不動産で小宅の適用を受けることを考えます。賃貸不動産の場合だと，200㎡まで土地の相続税評価額を50％引き下げることができます。そのため，自宅の土地で小宅の特例が受けられないケースでは，賃貸不動産の土地で小宅の特例が受けられるよう，その部分は個人名義で取得します。

④ 家賃収入の水準

法人で保有するケースでは，法人税の申告を税理士に依頼することが一般的です。そういう追加諸経費を吸収するためにも，ある程度の家賃収入等が必要になるでしょう。

⑤ 税率での比較

Q-6を参照して下さい。検討にあたっては限界税率で比較します。限界税率はそれほど難しい概念ではありません。例を使って説明しましょう。

すでに個人の課税所得金額が1,500万円の人の不動産所得が，追加で250万円増えるとします。課税所得が1,500万円から1,750万円になるわけです。限界税率は1,500万円から1,750万円の税率で，43％〔43.693％〕になることがわかります。一方，中小法人の実効税率は21％から33％台ですから，この場合は法人の方が有利です。

⑥ 超長期の保有か

ここでいう超長期とは，次世代への承継をも考慮したかなり長い期間をイメージしています。その場合は，**Q-5**で確認したように，所得税等の税負担が重い人にとっては法人保有の方が有利になります。

⑦ 貸付債権等の問題

不動産を法人名義で取得する際に法人に不動産を取得する資金がない場合，個人オーナーが法人に貸付け等をおこなうことがあります。貸付債権あるいは未収債権は，実質的に残債を額面で相続税法上評価することになるので，貸付債権等の対策が必要となります（**Q-43**から**Q-45**を参照）。

※ 〔　〕は復興特別所得税を含む税率。平成25年から令和19年まで適用。

第2章　不動産の取得　個人保有か法人保有か　23

Q-8　年齢と節税対策のニーズと法人の活用

年齢によってタックスプランニング上，留意する点があれば教えて下さい。

ポイント

　法人を活用したプランは早ければ早いほど効果が高く，できれば30代から60代のうちに始めるのがよいでしょう。70代，80代でも一定の効果が認められるので，プランの内容をしっかりと検証すべきでしょう（**Q-21**を参照）。

A

　年齢に関係なく所得税の対策のニーズはありますが，相続税の対策ニーズは60代，70代，80代と年齢が上がるに従って高まってくるようです。したがって，相談者が「節税」という言葉を使った場合，節税の税目が何かを判断したり，時に確認する必要があります。40代の医者が節税といった場合は所得税の節税を意味することが多いですし，70代後半の地主が節税といった場合は相続税の節税を意味することが多いでしょう。

　所得税の負担が重い方にとっては法人の活用は必須の検討事項であり，早くから始めれば，それだけキャッシュフローの改善が可能となるとともに，法人に対する貸付債権あるいは未収債権がある場合にはその回収が容易になります（**Q-43**から**Q-45**を参照）。

　本書では法人の活用を次の2つの局面で想定しています（**Q-11**を参照）。まず，新規に賃貸不動産を取得するときに法人名義で取得するケースです。次に，すでに保有している個人名義の賃貸不動産を法人に売却するケースです。どちらのケースも不動産の収入を個人ではなく，法人に帰属させる点で共通しています。これが所得分散効果の第1段階です。ここからさら

に同族の親族等に役員報酬を支給するのが、所得分散効果の第2段階です。

第1段階でとどめると、法人にキャッシュが貯まることになりますし、第2段階までおこなう場合には、個人にキャッシュが還流します。第2段階では役員報酬を受け取る親族に所得税等が課税されるので、その税負担の水準も考慮して支給水準を決定します。

【図表2-5】 年齢と節税対策のニーズと法人の活用

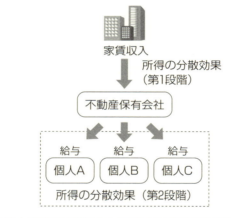

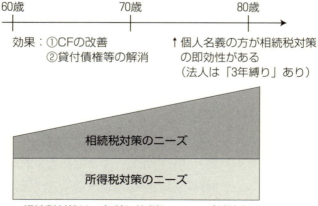

第3章

不動産管理会社の種類と
不動産保有会社との関係

Q-9 管理方式のしくみ

不動産管理会社のうち，管理方式と呼ばれるものについて説明して下さい。

ポイント

資産家の方が賃貸不動産を取得する際，個人名義で不動産を所有し，同族の不動産管理会社でその物件を管理する方式（**Q-12**を参照）です。

A

同族の資産管理会社が不動産を管理し，その対価として不動産管理料を徴収します。図表3－1をご覧下さい。管理方式のしくみをイメージしてまとめたものです。

【図表3－1】 管理方式のしくみ

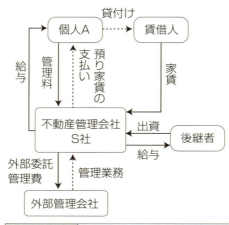

- 個人Aが不動産を購入。不動産管理会社へ一括して管理委託。
- 不動産管理会社は清掃・集金代行等の管理業務を受託。
- 個人Aは不動産管理会社に管理料を支払う。
- 管理の実態と管理料の水準が問題になりやすい。

メリット	所得分散効果（家賃収入の5％から10％程度か？），手続きが容易
デメリット	所得分散効果，節税効果が他の方式に比べ少ない
財産評価	土地：貸家建付地　建物：貸家

第3章　不動産管理会社の種類と不動産保有会社との関係　27

　税務上，オーナーと同族の不動産管理会社との間で締結される管理委託契約書に記載されている業務委託の範囲とその内容は重要です。同族の管理会社がどこまでの範囲で管理をおこなうか，そして管理の実態があるかが問題となります。もちろん，すべての業務を同族の管理会社で実際におこなう必要はありませんので，自らの費用負担で第三者へ再委託をおこなうことができる旨を管理委託契約書の中で定めておきます。
　以下は，管理委託契約書のサンプルを抜粋したものです。

第※条（業務委託の内容）
　受託者は本物件について下記の業務をおこなうものとする。
１．入居者募集時の業務
　(1)　広告による賃借人の募集
　(2)　賃借人の収入，人物等の審査
　(3)　賃貸借契約締結時の必要書類作成
　(4)　日割賃料，敷金，保証金の受領
２．賃貸中の業務
　(1)　共用部分の建物内及び野外の清掃，除草・植栽
　(2)　建物・設備・敷地の管理
　(3)　賃料，管理費等の集金
　(4)　賃料等の不払い者への督促
　(5)　賃借人及び近隣の苦情処理
　(6)　有害行為があった場合における適宜の対応
３．解約時の業務
　(1)　賃借人の退去確認
　(2)　本物件の点検，修繕工事等の発注
　(3)　賃料，敷金，保証金の精算
４．賃貸借契約更新時の業務
　(1)　賃料，その他賃貸借条件等の改定交渉
　(2)　更新契約に伴う金員の精算
　(3)　賃貸借契約（更新）締結における必要書類の作成
５．その他本物件の賃貸管理業務一切
　(1)　鍵の保管
　(2)　緊急時応急措置
　(3)　その他賃貸管理業務に付随する行為

第※条（第三者への再委託）
　受託者は，前条の業務の一部を第三者に再委託することができる。この場合，受託者は再委託した業務の履行について，委託者に対し責任を負うものとする。

　管理方式の不動産管理会社と不動産オーナー側の決算書は，図表3－2のようなイメージになります。

【図表3－2】　管理方式の決算書のイメージ

【前提】 不動産の取得価額：2億円
　　　　不動産の賃貸収入：1,900万円（年間）

個人A側

個人Aが不動産を購入		
損益計算書		
管理費　　　190万円 減価償却費	家賃収入　1,900万円	
貸借対照表		
不動産　　　2億円		

S社側

S社が家賃の10%で賃貸管理 集金代行等の管理業務をおこなう	
損益計算書	
役員報酬 外注費	管理料収入　190万円
貸借対照表	
	預り家賃　　158万円

管理業務の内容等個々の実態に応じて
管理料率10%が適正という前提

Q-10 転貸方式のしくみ

不動産管理会社のうち，転貸方式と呼ばれるものについて説明して下さい。

ポイント..

本書でいう転貸方式（サブリース方式）とは，資産家が個人名義で賃貸不動産を取得し，その物件を不動産管理会社に一括して貸し付ける方式のことです。この場合，不動産管理会社は，個人オーナーに一括借り上げ賃料を支払い，他方で入居者の募集をかけて賃料収入を得ることになります。空室リスクと賃料下落リスクは個人オーナーから不動産管理会社に移転します。

A..

個人オーナーは同族の資産管理会社に賃貸不動産を一括貸ししますが，その際，満室想定家賃の何％の水準で貸すかが，税務上問題となります。また，その前提として恣意性を排除して，客観的に満室想定家賃を設定している必要があります。図表3－3をご覧下さい。転貸方式のしくみをイメージしてまとめました。

【図表３−３】 転貸方式（サブリース）のしくみ

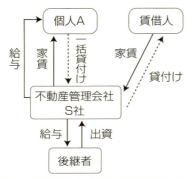

- 個人Aが不動産を購入。
  不動産管理会社へ一括して賃貸。
  不動産管理会社が賃借人へ転貸。
- 不動産管理会社が家賃を保証，空室リスクを負う。
- 保証賃料の水準や契約の継続性が問題になりやすい。

メリット	所得分散効果（家賃収入の10％から15％程度）
デメリット	所得分散効果が不動産所有方式に比べ少ない
財産評価	土地：貸家建付地　建物：貸家

　地主がハウジングメーカーあるいは建設会社にアパートかマンションを建ててもらい，その会社かグループ会社に家賃保証してもらうとしましょう。居住用の場合，満室想定家賃収入の85％から90％の水準の家賃保証が一般的です。居住用か，事務所用か，店舗用かといった種類，立地等によってこの水準は異なり，場合によっては80％，あるいは賃料保証が受けられないということもあります。また，このようにハウジングメーカー等に転貸方式で家賃保証してもらうときには，例えば共用部の電球等の交換費用や原状回復費用は，建物オーナー側の負担になることが多いです。

　個人オーナーと同族の不動産管理会社との間で転貸方式をおこなうときには，適正な満室家賃の設定，建物の維持管理費用の負担を明確にした上で，物件の個性に応じて適正な水準で一括貸し家賃を設定します。

　この結果，転貸方式の不動産管理会社と不動産オーナー側の決算書は，図表３−４のようなイメージになります。

第3章　不動産管理会社の種類と不動産保有会社との関係　31

【図表3－4】　転貸方式（サブリース）の決算書のイメージ

【前提】不動産の取得価額：2億円
　　　　不動産の満室想定家賃：1,900万円（年間）
　　　　個人オーナーのAは満室想定家賃の85%でS社に貸す
　　　　S社が受け取った実際の家賃は1,950万円

個人A側

個人Aが不動産を購入しS社に 満室想定家賃の85%で一括賃貸	
損益計算書	
減価償却費	家賃収入 1,615万円
貸借対照表	
不動産　　2億円	

S社側

S社は個人Aから賃借した 不動産を賃借人へ転貸	
損益計算書	
支払家賃 1,615万円 役員報酬	家賃収入 1,950万円
貸借対照表	

Q-11　不動産所有方式（不動産保有会社）のしくみ

　不動産管理会社のうち，所有方式と呼ばれるものについて説明して下さい。

ポイント..

　資産家の方が賃貸不動産を取得する際，本人あるいは親族が出資して設立した同族法人の名義で不動産を所有する方式です。本書ではこのような不動産管理会社を不動産保有会社と呼んでいます。

A..

　不動産保有会社が所有する不動産としては，建物のみ，土地・建物，土地のみの３種類が考えられますが，ここでは，建物のみ所有と土地・建物所有を想定します。会社が建物を所有しているので，家賃収入は100％会社のものです。管理方式や転貸方式と比べて，所得分散効果が高いのが特徴です。建物のみ所有と土地・建物所有を比べると，建物のみを所有する方式の方が，土地に対する投資がない分，投資効率がよくなります。

　不動産保有会社を２種類に分けていますが，想定する資産家のイメージは異なります。つまり，建物のみ所有する方式は地主を，土地・建物を所有する方式は例えば企業オーナー・医者・弁護士などキャッシュフローリッチを想定しています（**Q-27**と**Q-28**を参照）。

　地主はもともと個人ですでに土地を所有しており，その土地に新たに法人名義で建物を建設するか，あるいはすでに所有する個人名義の賃貸物件を建物だけ同族法人に売却するのです。この結果，同族法人は建物のみ所有することになります。

　企業オーナー・医者・弁護士など所得税等の税負担が重い個人で，土地を所有していない方が賃貸物件を法人で取得すると，その結果，同族法人

は土地・建物を所有することになります。

図表3-5から図表3-8をご覧下さい。所有方式のしくみと決算書のイメージをまとめておきました。

【図表3-5】 所有方式（建物のみ所有）のしくみ

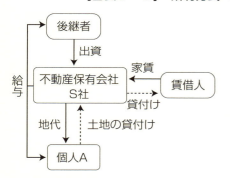

- 不動産保有会社が個人Aの土地を賃借。不動産保有会社が建物を所有して、賃借人へ賃貸。
- 地代支払方式は2通り。
  ① 相当の地代を支払う。
  ② 「無償返還届出書」を提出し、通常の地代を支払う。
- 不動産保有会社は建物購入資金が必要。

「無償返還届出書」を提出し、通常の地代を支払う場合

メリット	最も効果的に所得分散効果が得られる（家賃収入の100%が会社に帰属）
デメリット	初期コストとして、登録免許税・不動産取得税が発生 消費税の課税関係に注意
財産評価	土地：80%評価 （地主の個人AがS社の出資を有している場合には、不動産保有会社の株価評価をする際に土地評価額の20%を借地権として資産に計上。さらに貸家建付借地権として計上するときは土地評価額の14%で計上。なお、貸家建付借地権について個別通達に明記されていないため保守的に20%と解釈する余地もあります）

【図表3−6】 所有方式（土地・建物所有）のしくみ

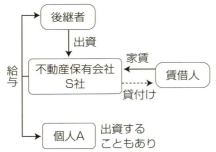

- 不動産保有会社が土地・建物を所有する方式。
- 後継者が決まっていないときは，個人A本人が出資する。
- 不動産保有会社は，土地・建物の購入資金が必要。

メリット	所得分散効果（家賃収入の100％が会社に帰属）
デメリット	不動産の売却益課税の負担が個人所有より大きくなる 土地も購入するため，多額の資金が必要
財産評価	不動産保有会社の株式の評価

【図表3−7】 所有方式（建物のみ所有）の決算書のイメージ

【前提】建物の取得価額：築27年目に個人Aから適正価格で取得
　　　　（「無償返還届出書」提出済）
　　　　不動産の賃貸収入：1,900万円（年間）

個人A側
個人Aは土地を所有しS社から
通常の地代を受け取る

損益計算書
　　　　　　　地代収入　140万円

貸借対照表
土地　相続等により
　　　取得

S社側
S社は建物を所有し賃借人へ賃貸
個人Aに通常の地代を支払う

損益計算書
支払地代　140万円　家賃収入　1,900万円
役員報酬
減価償却費

貸借対照表
建物　適正価格で
　　　取得

「無償返還届出書＋通常の地代」⇒ 地主の個人AがS社の出資を有している場合には，
　　　　　　　　　　　　　　　相続税評価額については更地価額より20％減額

第3章　不動産管理会社の種類と不動産保有会社との関係　35

【図表3－8】　所有方式（土地・建物所有）の決算書のイメージ

【前提】不動産の取得価額：2億円
　　　　不動産の賃貸収入：1,900万円（年間）
　　　　同族借入金の金利は考慮対象外（**Q-22**を参照）

個人A側	S社側

個人AはS社から受け取る 給与収入のみが収入となる

損益計算書	

貸借対照表	

S社は土地・建物を所有し 賃借人へ賃貸する

損益計算書	
役員報酬 減価償却費	家賃収入　1,900万円

貸借対照表	
土地　　　1億円	銀行借入金　1.4億円
建物　　　1億円	同族借入金　5,000万円
	資本金　　　1,000万円

Q-12　不動産管理会社の税務調査

不動産管理会社が税務調査を受ける際のポイントを説明して下さい。

ポイント

　税務調査では契約書等の書類が整っているか，契約書に記載された実態があるか，管理料率が適正か等のチェックを受けます。

A

　不動産管理会社といってもいくつかの方式がありますし，会社が複数の方式を併用している場合もあります。そこで，各方式別にポイントをまとめます。

① 管理方式

- 個人オーナーと不動産管理会社との間で管理委託契約書があるか否か
- 委託された管理業務を同族の不動産管理会社がおこなっているか（管理の実態）
- 管理の実態を踏まえてその管理料率は適正といえるか
- 親族に対する役員報酬は適正といえるか

② 転貸方式

- 個人オーナーと不動産管理会社との間で建物一括賃貸借契約書があるか否か
- 入居者の契約相手（賃貸人）は不動産管理会社になっているか
- 満室想定家賃等の決め方に合理性があるか否か
- 満室想定家賃等に対する借り上げ料は適正といえるか
- 親族に対する役員報酬は適正といえるか

第3章　不動産管理会社の種類と不動産保有会社との関係　37

③　所有方式

・個人所有の建物を同族法人に売却している場合，建物の譲渡価格は適正といえるか

・親族に対する役員報酬は適正といえるか

第4章

不動産保有会社による
建物所有と土地貸借の税務

Q-13　借地権とは

借地権について説明して下さい。私法上と税法上の概念は同じですか。

ポイント

　ここでは，借地借家法で定める借地権の定義を理解して下さい。借地権とは，建物の所有を目的とする地上権および土地賃借権のことです。土地をタダ（無償）で貸し借りする土地の使用貸借は借地権に含まれません。

A

(1)　民法上の借地権

　民法の特別法である借地借家法第2条に借地権の定義があります。そこでは，建物の所有を目的とする地上権および土地賃借権を借地権と定めています。

　地上権は，他人の所有する土地に工作物または竹林を所有するため，その土地を使用・収益することができる物権です。建物を建築したり樹木を植えたりする目的で，他人の土地を利用する権利のことです。

　土地賃借権は，賃料を支払うことにより目的物である土地を使用・収益することができる権利（債権）です。

　ここで物権と債権という言葉が出てきました。地上権は物権で，土地賃借権は債権というわけです。

　物権は，一言でいうと物に対する権利です。例えば車を購入すると，車の所有権を取得します。所有権は物権の典型例です。所有者は物を直接支配して使用・収益し，また処分（譲渡・転貸等）する権利を保有します。地上権も物権の一種で，物を直接支配して利用できる権利です。自分が所有する車を譲渡するのと同様，土地の所有者である地主の承諾を必要としないで，第三者に地上権を譲渡することができます。地主に対する承諾料

の支払いも不要です。

それに対して債権は，人に対して一定の行為を請求できる権利です。賃借権である借地権は，物権ではなくあくまでも債権です。昭和41年の旧借地法の改正前は賃借権である借地権を第三者に譲渡するときは地主の承諾が必要でしたが，改正後は地主が承諾しないときには，これに代わる裁判所の許可を得て譲渡できるとされました。その際，物権である地上権とは異なり債権である賃借権は承諾料相当額の一時金を地主に支払います。

地主にとって，権利としては地上権の方が賃借権より強く，地主は，通常，賃借権で借地権を設定します。そこで本書では，特に断りがなければ賃借権である借地権を前提に議論を進めます。

> 平成3年10月4日に借地法と借家法が改正されてできた借地借家法は，従来からある普通借地権に加えて，更新のない借地権を創設しました。これを定期借地権（一般定期借地権，事業用定期借地権，建物譲渡特約付借地権）といいます。本書では，従来からある普通借地権を「借地権」として記載しています。

(2) 税務上の借地権

税務上の借地権の範囲は，税法ごとにその範囲が異なっているので，注意が必要です。

相続税法上の借地権の範囲は，借地借家法上の借地権と一致しています。

所得税法上の借地権の範囲は，建物もしくは構築物の所有を目的としているため，構築物の部分だけ相続税法上の借地権より範囲が広くなっています。

法人税法上の借地権は，所有目的をうたっておらず，単に地上権または土地の賃借権と定義し，借地権の範囲を最も広くとらえています。

(3) 賃貸借契約と使用貸借契約

賃借権である普通借地権を設定するにあたっては，土地の賃貸借契約を

締結することになります。賃貸人の地主は賃借人に土地を使用・収益させる義務を負うとともに，賃借人の借地人は賃料を支払う義務を負います。

これに対して，使用貸借契約（**Q-16**を参照）はというと，借主は土地を借りているけれど，賃料を支払う義務を負いません。要はタダでの貸し借りです。タダで貸してもらっている以上，借主は通常の維持費ぐらいは負担します。土地の使用貸借に関しては，賃料である地代が文字どおりタダか，維持管理費である土地の固定資産税等の相当額までの支払いは，ここでいうタダの範囲に含まれます。表現を変えると，固定資産税等に相当する地代を支払っている場合には，地代の水準から判断すると，賃貸借契約ではなく，使用貸借契約といえます。

第4章　不動産保有会社による建物所有と土地貸借の税務　43

Q-14　権利金と権利金の認定課税とは

個人の土地に同族法人が建物所有を目的として，普通借地権の設定契約を締結します。権利金の支払いは必要ですか。また，権利金の認定課税とは何ですか。

ポイント．．．

借地権を設定する際，地主が借地人から受け取る返還不要の一時金を権利金といいます。権利金の授受の慣行がある地域で地主が権利金を受け取らないケースでは，借地人である同族法人側に借地権の贈与があったとして贈与課税がおこなわれます。これを権利金の認定課税といいます。

A．．．

⑴　個人が特殊関係のない第三者に土地を貸すケース

例えば，東京23区に土地を持つ地主（個人）が，その土地にマイホームを建てたいと希望する赤の他人との間に土地の賃貸借契約を締結するとします。ここでは定期借地権ではなく，普通借地権を想定しています。地主は，この特殊関係がない第三者にひとたび土地を貸したら，土地は半永久的に戻ってこないと考え，賃借人に返還不要の一時金の支払いを要求するでしょう。その後，地主は通常の地代を借地人より受け取ることになります。

この返還不要の一時金のことを権利金といいます。東京の住宅地なら一般に土地の更地価格の60％から70％ぐらいの権利金が授受されると考えてよいでしょう。更地価格が5,000万円で借地権割合が70％であれば，権利金の目安としては3,500万円ぐらいです。同じ東京でも商業地であれば権利金の目安は更地価格の60％から90％ぐらいです。

⑵ 個人が同族関係者に土地を貸すケース

　上述の想定に一部変更を加えます。土地を貸す相手が自分の子供だとしたら，親は権利金の支払いを要求するでしょうか。現実はほとんどのケースで親は子供に権利金の支払いを要求しないでしょう（**Q-16**を参照）。

　それでは次のケースではどうでしょう。土地を貸す相手は新設の同族法人で，同族法人はそこにアパートを建設する予定です。このケースも多くの場合，地主（個人）に権利金の支払いをしないことが多いでしょう。

　ここで質問です。⑴の特殊関係のない第三者に土地を貸すケースでは地主は通常，権利金の支払いを求めるのに対して，⑵の同族関係者に土地を貸すケースで地主が権利金の支払いを求めないとしたら，課税上問題はないでしょうか。

⑶ 権利金の認定課税の問題

　借地権の設定にあたって権利金を授受することが一般化している地域を前提に話を進めます。

　同族間取引において権利金を支払わないで通常の地代だけで借地権を設定したとき，地主から借地人に対して借地権の贈与があったと認定されてもおかしくはないでしょう。

　つまり，次の①から③を満たす場合に権利金の認定課税の問題が生じます。

　　① 土地の賃借権または地上権による借地権を設定したこと
　　② 権利金の授受の慣行がある地域であること
　　③ 権利金を授受していないこと

　①に関しては，仮設の建物のように一時使用の建物を所有する賃貸借契約で借地借家法の保護を受けない場合には，権利金の認定課税の問題は発生しません。賃貸借契約ではなく使用貸借契約を締結した場合には，

第4章　不動産保有会社による建物所有と土地貸借の税務　45

Q-16を参照して下さい。

　また，②に関しては，権利金の授受の慣行がない地域であれば，権利金
を支払わないのが普通です。そのため，権利金の認定課税の問題は発生し
ません。

　権利金を支払わないケースで，借地権の贈与課税を回避する方法につい
てはQ-15を参照して下さい。

Q-15 相当の地代方式と無償返還方式

　個人の土地に同族法人が建物所有を目的とする普通借地権の設定契約を締結します。このとき，権利金の授受をおこなわない場合，権利金の認定課税（Q-14）の問題を回避する方法が2つあると聞きました。その2つの方法を説明して下さい。

ポイント

　相当の地代方式あるいは無償返還方式を採用すれば，権利金の授受の慣行がある地域であっても権利金の認定課税を回避することができます。

A

　権利金の授受の慣行がある地域で，普通借地権を設定する場合，借地人が通常の権利金を地主に支払えば，権利金の認定課税の問題は発生しません。

　しかし，同族関係にあるケースでは，その同族法人である不動産管理会社にそもそも権利金の支払余力がなかったり，地主側（個人）も権利金を受け取ることによる所得税課税等を望まないのが普通でしょう。

　そこで，個人の土地に同族法人が建物所有を目的として，普通借地権の設定契約を締結する際，権利金の授受をおこなわない場合，①相当の地代方式，あるいは②無償返還方式を採用すれば，権利金の授受の慣行がある地域であっても権利金の認定課税を回避することができます。

◆ 権利金が土地の時価の2分の1を超える場合の課税関係
　地主（個人）は借地権の譲渡があったものとみなされ，譲渡所得として分離課税。
◆ 権利金が土地の時価の2分の1以下の場合の課税関係
　地主は収受した権利金の額を不動産所得として総合課税。
　所得水準の高い地主は，総合課税により税負担が重くなるが，権利金の額を臨時所得として「平均課税」の適用を受けることができれば所得税の負担を抑えることが可能。他方，権利金を支払った借地人である同族の不動産管理会社は，支払額を借地権勘定（無形固定資産）として経理処理し，減価償

却費が計上できない。

①　相当の地代方式

　権利金の収受に代えて，土地の使用の対価として相当な地代を収受している場合には，その借地取引は正常な取引条件でなされたものと取り扱われます。権利金の収受がない以上，土地の更地価額全体を対象に運用利回り（現行6％）を乗じて算定した地代が求められています。これを相当の地代といいます。通常の地代とは異なります。通常の地代は，権利金を収受した場合に地主が留保している底地権に対する使用の対価として支払う地代のことです。

　図表4-1をご覧下さい。相当の地代の年額は土地の更地価額に6％を乗じますが，土地の更地価額の算定方法は次の4つがあります。

（ⅰ）　その年の通常の取引価額

（ⅱ）　その年の公示価格または標準価格から合理的に算定した価額

（ⅲ）　その年の相続税評価額

（ⅳ）　その年以前3年間の相続税評価額の平均値

　法人税基本通達では(ⅰ)から(ⅳ)のいずれも認めています。相続税の個別通達では(ⅳ)によります。

　相当の地代の改訂については，地代を①据え置く方法，②地価の上昇に応じて順次改訂する方法，③不十分な水準で改訂する方法に分類できます。②の方法を採るには，「相当の地代の改訂方法に関する届出書」を遅滞なく，所轄税務署長に届け出る必要があり，この届出がなければ①の据え置く方法を選択したものとみなされます。したがって，本来，①あるいは②の方法のどちらかであるべきですが，現実には③の状態になっていることもあります。つまり，③は結果としてそうなっているだけであって，制度上は想定外の状態といえます。

② 無償返還方式

「土地の無償返還に関する届出書」は，土地に係る借地権の認定に際して，財産権としての借地権の価額を考慮しないという合意がなされている，つまり，将来の借地の返還に際しては立退料等の名目による一時金を借地人は地主に要求しないということを前提とする制度です。この「土地の無償返還に関する届出書」を提出することにより，権利金の認定課税を免れることができます。

「土地の無償返還に関する届出書」の提出が問題になるのは，土地の貸主あるいは借主の少なくとも一方が法人である場合です。土地の貸主と借主ともに個人の場合には，「土地の無償返還に関する届出書」を税務署等に提出するということはありません。

「土地の無償返還に関する届出書」は，借地期間中における借主から貸主に支払われる地代の額を制約するものではないので，土地の借地契約自体は賃貸借契約でも使用貸借契約でも構わないとされています（**Q-16**と**Q-18**を参照）。

◆「土地の無償返還に関する届出書」の私法上の効力

　税法上，「土地の無償返還に関する届出書」は権利金の認定課税の回避という効果を有します。しかし，時が経過して賃貸借契約の終了時に借地人が土地の返還を拒むようなとき，つまり権利関係につき私法上の紛争が発生した場合，裁判所では民法や借地借家法といった私法上どのような判断を下すのでしょうか。過去の判例を分析してみると，普通借地権の契約においては，将来借地人がその土地を無償で返還する旨を賃貸借契約で定めても，それ自体が借地人に不利な特約とされ，無効としてその定めがなかったとみなされる扱いを受けることが予想されます。

　実務上，無償返還方式のタックスプランニング自体はかなり普及していますが，私法上の効力を考えると，その採用にあたっては地主と借地人が現在だけでなく，将来も円満な関係を維持できるものでなければなりません。

第4章　不動産保有会社による建物所有と土地貸借の税務　49

【図表4-1】　相当の地代方式と無償返還方式

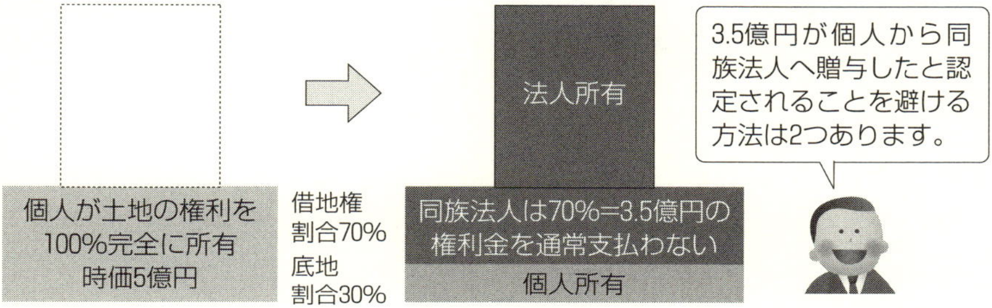

法人所有

3.5億円が個人から同族法人へ贈与したと認定されることを避ける方法は2つあります。

個人が土地の権利を100%完全に所有
時価5億円

借地権割合70%
底地割合30%

同族法人は70%=3.5億円の権利金を通常支払わない
個人所有

＊路線価図上で借地権割合が「C」と記載されている土地を想定した設例です。

相当の地代方式　相当の地代＝土地の更地価額×6%
　　　　　　　　（※平成元年4月1日より前は単年度の更地価額×8%）
　①　当初設定の地代を据え置く方法
　　　地価が上昇→同族法人側で借地権が自然発生（その分個人側の評価額が減少）
　②　地代を地価の上昇に応じて順次改訂する方法
　　　同族法人側には借地権が発生しない　　　　　個人の相続税の
　③　②以外の水準で地代を改訂する方法　　　　　負担が減少

無償返還方式　将来借地を無償で地主に返還することを約束する方法

50

Q-16　土地の使用貸借に関する税務上の取扱い

土地の使用貸借に関する税務上の取扱いを説明して下さい。

ポイント ....

　民法ではタダの貸し借りのことを使用貸借といいます。賃料を支払う賃貸借契約の反対概念です。税務上の取扱いは個別通達が出ているので，その理解が欠かせません。

A..

　土地の使用貸借は，当事者の一方が無償で使用および収益をした後に返還することを約して相手方から土地を引き渡されることによって，その効力が生じます。土地の固定資産税等の相当額は通常の維持費にあたるので，借主がその金額を負担した場合でもそこまでは無償の範囲に含まれます。土地の使用貸借は，個別通達「使用貸借に係る土地についての相続税及び贈与税の取扱いについて」（以下，「使用貸借通達」といいます）に詳細な取扱いが示されています。

(1)　個人間での土地の使用貸借

　【例】　次男が父の土地を無償で借りて自宅建物を建築するケース

　【課税関係】

　父と次男の間に課税関係は生じません。使用貸借通達1により，次男に対して借地権の贈与はないものとして扱われます。

　次男が父に通常の地代を支払うと，それは使用貸借とはいえなくなります。その場合には土地の賃貸借となり，借地権の贈与が問題になります。固定資産税相当額までの授受は使用貸借とされます。

　使用貸借通達3により，父に相続が発生したときは更地で評価されます。

(2) 個人間での借地権の使用貸借

【例】 父の借地上に長男が使用貸借により自宅建物を建築するケース

【課税関係】

使用貸借通達2により，「借地権の使用貸借に関する確認書」を税務署に提出することにより課税関係は生じません。

(3) 借地の底地を借地権者以外の者が取得し，地代の授受がなくなったケース

【例】 借地権者（父）の長男が地主から底地を取得するケース

【課税関係】

底地の取得者である長男は，借地権者である父親から借地権を贈与されたものとして取り扱われます。しかし，使用貸借通達5により，父が「借地権者の地位に変更がない旨の申出書」を税務署に提出した場合には，借地権の贈与はなかったものとして取り扱われます。

「借地権者の地位に変更がない旨の申出書」を提出した場合は，子の土地は底地として扱われ，父に相続が発生したときは借地権を評価します。

(4) 法人に個人の土地を無償で貸与したケース

【例】 三男が経営する同族会社が父の土地を無償で借りて本社建物を建築するケース

【課税関係】

同族会社側は，借地権相当額の贈与を受けたものとして，権利金の認定課税がおこなわれます。しかし，「土地の無償返還に関する届出書」を税務署等に提出したときは，権利金の認定課税はおこなわれません。

使用貸借の土地について「土地の無償返還に関する届出書」が提出されている場合，相続が発生すると更地として評価されます。

(5) **個人に法人の土地を無償で貸与したケース**

　【例】　役員が自分の経営する同族会社の土地を無償で借りて自宅建物を
　　　　建築するケース

　【課税関係】

　同族会社側は，借地権相当額の権利金収入の認定課税がおこなわれます。
それとともに，その額を役員に対して贈与したものとして取り扱われます。
会社にとって役員に対する贈与は役員賞与とされ，損金に算入されません。
仕訳にすると次のとおりです。

（借）役 員 賞 与　　××　　（貸）権 利 金 収 入　　××　←借地権相当額
　　　　↑損金不算入　　　　　　　　　　　↑益金算入

　役員側は，賞与（給与所得）を受け取ったものとして所得税等が課税さ
れます。

　上記の扱いに対して，「土地の無償返還に関する届出書」を税務署等に
提出したときには権利金の認定課税が回避できます。しかし，その後は毎
年地代の認定課税がおこなわれます。つまり，その土地の相続税評価額の
６％相当額については相当の地代として，地主である同族会社から贈与
（役員報酬）を受けたものとして所得税等が課税されます。

第4章　不動産保有会社による建物所有と土地貸借の税務　53

Q-17　相当の地代方式と無償返還方式のどちらを採用すべきか

相当の地代方式と無償返還方式のどちらを採用すべきでしょうか。

ポイント

　地価が下落あるいは横ばいの時期には無償返還方式がよいでしょう。それに対して，長期的な地価の高騰を予測するときには，地代据置き型の相当の地代方式の採用を検討します。

A

　過去35年を振り返ります。バブルの崩壊により平成3年をピークに全国一律で地価が大幅に下落しました。平成20年のリーマンショック前のミニバブル期，アベノミクスの影響による平成26年以降，都市部，特に都心の地価は上昇し，地域間格差が激しい状況です。加えて，10年前と比較すると，建物の建築費が高騰しています。全国的にみると平成3年のピーク時の地価を超えた地域はまれで，ほとんどありません。地価は下落，横ばい，一部地域の上昇といったトレンドです。都心に土地を保有し，長期的な地価の高騰を予測する方以外は，個人の土地に同族法人が建物を建築する場合には，無償返還方式を採用するのがよいでしょう。

　さらにその前の20年間を振り返るとどうでしょうか。昭和47年から平成3年まで昭和50年を除いて地価は上昇しつづけ，すべての日本国民が土地神話を信じていたといってもよいでしょう。

　当時のタックスプランニングの1つに相当の地代方式を据置き型で採用するというものがありました。土地の更地価額に対して8％（平成元年4月1日より6％）という高い地代を設定し，据え置くというものです。その後，地価が上昇すると，借地人である同族法人側に自然発生的に借地権が生じ，その分，地主に帰属する土地の権利割合が減っていきます。地主

の権利割合が土地の評価額に対して当初100％であったものが，地価の上昇とともに，100％→90％→80％→70％と徐々に減少するとともに，借地人である同族法人側の借地権割合が0％→10％→20％→30％と増加していきます。仮に地主が亡くなった時に，税務上，借地権が35％移っていたとしたら，更地評価額の65％の水準で土地を評価できます。

　しかし，相当の地代方式の据置き型は地価が上昇するのが前提のタックスプランニングです。現在の経済環境ではあてはまりません。また，地主は同族法人である借地人に対して，土地の返還等の時に対価の支払いをしなければなりません。相続税の最高税率が70％あるいは75％で地価が急騰するという昭和の時代背景のなか，地主と借地人の課税関係が複雑になっても，所得税と相続税の節税を図るために実行されたプランといえるでしょう。

　現在，個人の土地に築年数が35年以上経過した同族法人名義の建物を所有されている方は，据置き型の相当の地代方式を採用している可能性があると思います。現時点でどれくらい借地権が同族法人側に移っているかを確認されることをお勧めします。

第5章

不動産保有会社
建物のみ所有する方式の実践

Q-18 法人による建物所有方式が相対的に有利①─概要

　個人の土地に同族法人名義で賃貸建物を所有するスキームの概要について説明して下さい。

ポイント

　「土地の無償返還に関する届出書」を税務署等に提出し，同族法人は通常の地代を地主に支払うと，所得税対策に加えて相続税対策の効果が得られます。

A

　個人の土地に同族会社が建物を所有する経緯としては，図表５－１のように２つの事例を想定しています。ケース１のように新たに賃貸建物を建築する場合と，ケース２のようにすでに保有する個人名義の建物を同族会社に売却する場合です。

　ケース２は中古の建物です。中古の建物は新築時より賃料水準が下がっていることが予想されますが，同族法人は新築と比較してかなりの低価格で中古建物を取得できることで投資の利回りは新築より中古の方がよくなります（**Q-19**を参照）。この例では，新築の利回りが10％に対して，中古の利回りを30％と想定しています。古くて老朽化した物件は，建物価格の下落と比較して家賃はそこまで下落していないことが多く，投資利回りが高いという特徴があります。

　賃貸不動産を所有する同族会社を，ここでは不動産保有会社と位置づけています。不動産保有会社は建物のみを所有する方式と土地・建物を所有する方式に分類されますが（**Q-11**を参照），ここでは土地には投資をしない建物のみを所有する方式にスポットを当てています。なぜなら，土地に投資をしないので，不動産保有会社は比較的少ない資金で賃料収入を効率

第5章 不動産保有会社 建物のみ所有する方式の実践

【図表5-1】 法人による建物所有方式が相対的に有利

ケース1 家賃3,000万円（年）の賃貸ビルを法人名義で3億円で新築

ケース2 家賃2,100万円（年）の古い賃貸ビルを同族法人に7,000万円で売却

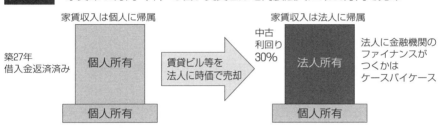

ケース3 ケース1と2をともに実行　家賃5,100万円（年）
投資額3億7,000万円　利回り13.8%

土地を移すのが大変なときは建物のみ法人に移す方が容易で効果が高いです。実行にあたっては借地権の問題等を慎重に検討しましょう。築年数が経過した借入金返済済みの物件は高利回りで効果が高いといえます。

よく得ることができるからです。

また，不動産保有会社は投資効率を重視して，地主（個人）に対して権利金を支払うことを想定していません。本書は権利金の認定課税を避けるための手段として，次の①から③のうち③を採用しています。

① 土地の使用貸借契約＋無償返還方式
② 土地の賃貸借契約＋相当の地代方式
③ 土地の賃貸借契約＋無償返還方式＋通常の地代

③を採用する最大の理由は，短期的な地価の上昇はあっても，昭和のような長期にわたる土地の高騰を想定しないという前提に立っているからです。次に，無償返還方式の方が据置き型の相当の地代方式と比較して地主と借地人の権利関係がシンプルだからです（**Q-17**を参照）。最後に，税負担が重い地主の所得分散を想定したタックスプランニングなので，地代も相当の地代のような高水準の収入は必要なく，通常の地代で十分ということもあります。また，「無償返還方式＋通常の地代」を採用すると相続時の土地の評価を20％減額できます（**Q-20**を参照）。

なお，誰が不動産保有会社に出資するかについては，**Q-27**を参照して下さい。

第5章　不動産保有会社　建物のみ所有する方式の実践　**59**

Q-19　法人による建物所有方式が相対的に有利②
―築年数ごとにみた不動産の収支構造と税負担

賃貸建物の築年数からみた収支構造と税負担の関係を説明して下さい。

ポイント

　建築資金の借入比率にもよりますが，大部分を借入れで調達した場合，借入金を完済した後に建物オーナーの手取りが大幅に改善され，賃貸事業の黄金期に入ります。

A

　本問の説明は，次の前提と仮定をベースにおこないます。

【前提条件等】
- 建物の建設資金：10億円（躯体部分8億円，附属設備部分2億円）居住用
- 減価償却方法：建物…定額法　耐用年数47年
　　　　　　　　　建物附属設備…定額法　耐用年数15年
- 資　金　調　達：自己資金2億円
　　　　　　　　　銀行借入8億円　30年で元利均等返済
- 賃　料　収　入：時間の経過とともに賃料は下落し，空室率はアップ
　　　　　　　　　建　築　時　　1億円／年　単純利回り10%
　　　　　　　　　築38年経過時　7,000万円／年

　かなり大まかな前提条件ですが，これで時間の経過とともに収支がどう変化するかを図表5-2を見ながら考えてみましょう。

　賃貸事業開始時は建物も新しく競争力があり，減価償却費も多額に計上できます。15年経過すると，建物附属設備の償却費がなくなり，定額法による建物の償却費しか計上できなくなるので税負担が増えます。また，この時期の前後に屋根の防水，壁面の補修等の大規模修繕の支出が予想されます。38年経過すると，建物の老朽化によって収益力が弱り，家賃の下落

と空室による収入減，修繕費の増大と税負担による支出増がありますが，借入金の元利返済の支出がなくなるので，建物オーナーの手元に残るキャッシュはそれ以前よりずっとよくなるでしょう。

しかし，建物には寿命があります。借入金を完済した後のたとえるなら賃貸事業の黄金期ともいえる期間は永遠には続きません。ひと口に建物といっても居住用，事務所用，店舗用等いろいろな種類があり，その個性によっても立退きの難易度は異なります。建替えなのか，売却なのか，いずれにしてもこの黄金期は熟考の時ともいえます。

税負担という意味では，個人保有か法人保有かで税負担額は変わります。個人保有の場合には所得税等が，法人保有の場合は法人税等が課税されるので，借入金の返済原資を確保するためにもキャッシュフローの改善の観点から，保有の主体を個人にするか法人にするかを慎重に検討すべきです（**Q-6**と**Q-7**を参照）。

築38年も経過すると，建物の簿価は当初の10億円から2億円程度まで下がります。それに対して，老朽化したとはいえ，家賃収入の水準はそこまでは下がらないでしょう。ここでは当初の賃料収入1億円が7,000万円に下がると想定しています。

仮に税負担の重い地主（限界税率＝51％）が個人名義で建物を建築したとします。この建物を2億円（簿価＝時価と仮定）で同族法人に売却すると，所得税等の限界税率51％と法人の実効税率約34％の差（＝17％程度）が節税となり，その分キャッシュフローが改善します[※]。不動産保有会社からすると単純利回り35％（＝7,000万円／2億円）の投資になります。建物を購入する同族法人側の登録免許税，不動産取得税，消費税の課税関係の検討もおこなって下さい（**Q-20**を参照）。

（※）　**Q-4**でも検討したように，所得税等の最高税率と中小法人の法人税等との税率差は最大22％程度まで拡がっています。

第5章 不動産保有会社 建物のみ所有する方式の実践 61

【図表5-2】 築年数ごとにみた賃貸不動産の収支構造と税負担のイメージ

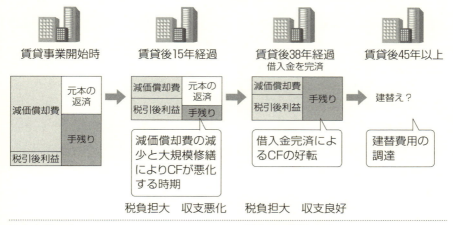

Q-20　法人による建物所有方式が相対的に有利③
―メリットとデメリット

　法人による建物所有方式（不動産保有会社）を採用する際のメリットとデメリットを説明して下さい。

ポイント

　資産管理会社を使ったスキームの中で最も効果的に所得分散効果が得られます（Q-1とQ-11を参照）。また，無償返還方式を利用して相続時の土地の評価を20％減額することができます。しかし，個人名義の中古賃貸建物を同族法人に譲渡する場合には税コストがかかります。

A

(1)　所得分散効果

　法人による建物所有方式は，税負担の重い人にとって最も少ない投資金額で所得分散効果が得られるスキームです。もともと土地は個人所有で，その上に同族法人が建物を新築するか，あるいは個人名義の中古建物を同族法人に売却するので，同族法人が新規に土地を取得することを想定していません。また，本書では同族法人は権利金を支払うことも想定していません。その結果，最も少ない投資金額で賃貸建物を所有することが可能になるのです。

(2)　相続税の節税効果

　同族法人は地主に権利金を支払わない想定なので，権利金の認定課税を避けるため，土地の賃貸借契約を締結し，通常の地代を支払い，「土地の無償返還に関する届出書」を税務署等に提出します。この方法を採用すると，地主に相続が発生すると，土地の評価を更地評価より20％減額することができます。減額された20％相当額は不動産保有会社の株価を算定する

際に認定借地権として計上されますが，不動産保有会社に地主が出資していなければ，相続税の対策上問題にはならないでしょう。

(3) 初期コスト

　個人名義の中古賃貸物件を同族法人に譲渡する場合には追加的に税コストが発生します。つまり，建物を売買により取得する不動産保有会社は，登録免許税と不動産取得税を追加的に支払うことになります。また，消費税の問題があります（以下，税率10%）。

　建物の譲渡価格が1億1,000万円（消費税込）として説明します。譲渡する建物オーナー（個人）側は1億1,000万円を受け取り，そのうち1,000万円を預かり消費税として経理処理します。購入する不動産保有会社側は1億1,000万円支払い，そのうち1,000万円を支払消費税として経理処理します。その他の消費税がないと仮定すると，その後，個人は1,000万円の消費税を納付し[※]，不動産保有会社は1,000万円の消費税の還付を受けることができれば，特に問題は生じません。

　しかし，建物が居住用の場合，不動産保有会社が1,000万円の還付が受けられるかというと，令和2年度の税制改正により全額還付の対象とならなくなりました（**Q-39**を参照）。事務所用あるいは店舗用の建物であれば，このような問題は起きません（**Q-38**を参照）。個人で保有している居住用の賃貸建物を同族法人に譲渡したいときは，注意が必要です。

　（※）　売主側の個人は，必ず消費税を1,000万円納付するとは限りません。売却した課税期間が消費税の免税事業者の場合は，消費税の納税はありません。

【図表5-3】 法人による建物所有方式のメリットとデメリット

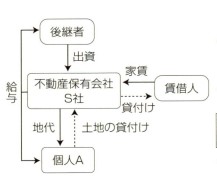

← 地主さん向け

- 不動産保有会社が個人Aの土地を賃借。不動産保有会社が建物を所有して，賃借人へ賃貸。権利金の認定課税に注意。
- 地代支払方式は2通り。
  ① 相当の地代を支払う
  ② 「無償返還届出書」を提出し，通常の地代を支払う ←現在の主流
- 不動産保有会社は建物購入資金が必要。

【「無償返還届出書」を提出し，通常の地代を支払う場合】

メリット	最も効果的に所得分散効果が得られる←所得税対策 （家賃収入の100％が会社に帰属）
デメリット	初期コストとして，登録免許税・不動産取得税が発生 消費税の課税関係に注意
財産評価	土地：80％評価←相続税対策 （地主の個人AがS社の出資を有している場合には，不動産保有会社の株価評価をする際に土地評価額の20％を借地権として資産に計上。さらに貸家建付借地権として計上するときは土地評価額の14％で計上。なお，貸家建付借地権について個別通達に明記されていないため保守的に20％と解釈する余地もあります）

第5章 不動産保有会社 建物のみ所有する方式の実践

【図表5－4】 法人による建物所有方式が相対的に有利

【前提】建物の取得価額：築27年目に個人Aから適正価格で取得…7,000万円とします
（「無償返還届出書」提出済）
不動産の賃貸収入：2,100万円（年間）

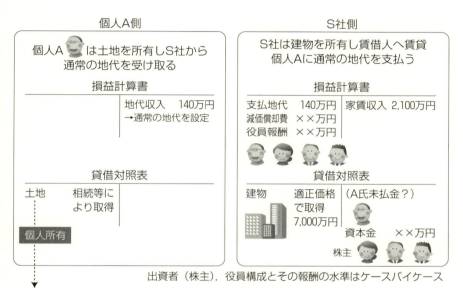

「無償返還届出書＋通常の地代」⇒ 地主の個人AがS社の出資を有している場合には，
相続税評価額については更地価額より20％減
S社の株価を算定するときに認定借地権として計上

Q-21 個人が法人に建物を譲渡するときの価格

私は複数のアパートを所有し賃貸経営をおこなっています。このたび，保有するアパートを同族会社に売却することを考えています。アパートの敷地部分は売却しません。建物の譲渡価格はいくらにすればよいでしょうか。また，どのアパートを売却すればよいのでしょうか。

ポイント

建物は「時価」で譲渡します。この場合の時価は，原則として売却時の建物の「帳簿価額」と考えてよろしいかと思います。課税上，問題があると想定されるときは，不動産鑑定士による鑑定評価を採用します。また，売却するアパートは，金融機関からの借入金の返済が終わった，築年数が相当程度経過した物件から優先的に選びましょう。スキームについてはQ-18，資金調達についてはQ-23を参照して下さい。

A

(1) 建物の時価とは

建物は課税上，時価で売却すべきということは異論がないと思います。しかし，同族間の取引において何をもって時価と考えるかは悩ましい問題です。Q-55にあるように，建物の建築時の建築価額（取得価格），固定資産税評価額，相続税評価額の関係をみても，当初からバラバラの金額がつきます。建物の建築価額と建築時の固定資産税評価額とは相当の乖離が生じているはずです。

建物を同族間で売買するときの価格としては，次の3つを候補として考えることができます。

① 固定資産税評価額

② 帳簿価額

③ 不動産鑑定評価額

①は当初，建築価格の40％弱から70％弱の金額の水準で評価されること
を考慮すると，これをもって時価と主張するのは難しいと思います。

②は取得価格から減価償却された金額を控除した未償却残高です(※1)。
つまり，税法上定められた法定耐用年数に従って，建物の価値がどれだけ
残っているかを表しています。この帳簿価額で売却すれば，消費税の問題
を考慮対象外とすると売却損益が発生せず，課税上も中立といえます(※2)。
課税上の問題がなければ，同族間の建物の売買においては時価として採用
しても差し支えないでしょう。

> （※1）　帳簿価額は，建築価額＝取得価格を前提として通常の未償却残高を
> 想定しています。事業用資産の買換え特例等を使って，建築価額を圧縮し
> た取得価格や割増償却の適用を受けた未償却残高は想定していません。
> （※2）　建物の売却代金は消費税の課税対象です。消費税の課税関係によって
> は，消費税相当額またはその一部が売却益を構成することがあります。売
> 却する建物の取得時の経理処理が税込経理か，税抜経理なのかも確認し
> て下さい。また，売却時にチェックすべき個別通達としては，平成元年3
> 月29日直所3－8「消費税法等の施行に伴う所得税の取扱いについて」の
> 12があります。

③は，不動産鑑定士による鑑定評価です。その際，不動産鑑定士には売
買の内容と目的について十分な説明をおこなった上で鑑定依頼をおこなっ
て下さい。自宅と異なり賃借人がいる収益建物は，収益性も加味して鑑定
がおこなわれます。ここでは鑑定費用が別途かかります。この鑑定評価も
時価です。

あくまでも私見ですが，通常は②で問題ありませんが，まれにかなり築
年数が経過しているにもかかわらず異常に高収益の店舗等，個性的な物件
に遭遇することがあります。また，簿価はほとんど残っていない物件だと，
帳簿価額より1年間の賃料収入の方が高いということもあり得ます。②は
取得価格の残存価格にすぎず，収益力が加味されていません。そのような
場合は③の鑑定評価の方が時価としての合理性をもち，売却益が生じます。

そのほか，重大な係争を抱えた物件も帳簿価額を時価として採用するわけにはいかないでしょう。要は，課税上問題があると想定されるときには鑑定評価を採るべきです。なぜなら，理論的には鑑定評価が最も合理性があるからです。

(2) どの収益建物を同族法人に移転すべきか

保有する不動産のうち，少ない投資でリターンがよい建物を選んでみて下さい。おそらく築年数が相当経過したアパート等が該当するはずです（**Q-19**を参照）。また，高齢のオーナーが築年数の浅い建物を譲渡すると相続税の対策上不利になるので，そのような選択は避けるべきでしょう。築浅の建物の①時価は②相続税評価額よりずっと高いので，高齢のオーナーが建物を時価で売却すると，差額（＝①－②）の分だけ相続財産が増加することになります。

また，金融機関の借入金の返済が終わっている収益建物の方が，通常，権利関係がシンプルなので，同族間の取引が実行しやすいといえます。

第5章　不動産保有会社　建物のみ所有する方式の実践　**69**

Q-22　法人が建物を取得するための資金調達①─収益建物の新築

私（父）の土地に長男が出資して設立した同族法人がアパートを建築するという計画を検討しています。同族法人がアパートを建築するための資金調達について教えて下さい。

ポイント
....

　金融機関は同族法人名義の建物だけでなく，親の所有するアパートの敷地にも担保を設定することにより，通常は融資対象になります。ただし，個人が持つ借地権に法人名義のアパート等を建築するときは，融資の対象外になったり，融資対象になったとしてもその審査が厳しくなります。スキームについては**Q-18**，出資者については**Q-27**を参照して下さい。

A
....

⑴　法人向けアパートローン

　長男が設立した会社は新設法人です。資本金も小さく，アパートの建築費に相当する資金が会社にないのが普通です。このような実績がまだ何もない会社に金融機関が融資をするのか，アパートローンは個人向けであって法人向けは対象になるのか，土地は個人名義で法人は土地を所有していないがそれは問題にならないかなど，疑問は尽きないかもしれません。

　結論からいうと，法人向けのアパートローンは以前からありますので，金融機関が融資をおこなうか否かは与信の問題となります。収益物件から得られる賃料収入で借入金の返済が賄えるかという点が最も重要です。それによって建築費の全額が借入可能か，80％相当額まで借入可能となるのか，70％相当額まで借入可能となるのかが決まります。仮に建築費の20％相当額の自己資金を入れるとしても，設立時の会社は資本金相当額しか資金を持っていないので，結果として同族の個人（本件では父）が新設法人に資金を貸し付けて調達することになるでしょう。

⑵　同族の個人からの借入れと利息

　個人が同族法人に資金を貸し付けた場合，法人は利息を支払う必要があるのでしょうか（**Q-23**を参照）。

　一般に経営者が，その経営する同族会社に運転資金を貸し付けた場合，会社は通常生じるはずの利息を支払わなくてもよいとされています。もちろん同族会社は経営者に利息を支払ってもかまいませんが，経営者が受取った利息は雑所得として課税されるため，実務上，無利息が普通でしょう。

　それでは，本件のように個人が運転資金ではなく固定資産の購入資金を貸し付けた場合，利息はどうすればよいのかという問題が生じます。この問題について課税庁が個人の無利息貸付けに係る行為計算の否認（所得税法157条の適用）をおこなったのが，平和事件（最高裁平成16年7月20日判決）です。

　株の買取資金3,455億円を個人が同族法人に返済期限および利息を定めず，担保を徴することなく貸し付けたという事案です。個人は，同族法人への貸付けのために，銀行から3,455億円を1日だけ借り入れ，銀行に利息を3,194万円支払いました。しかし，個人は同族法人から利息を受け取らなかったという行為を課税上否認されたわけです。この事案は，運転資金ではなく，資産の購入資金を自然人である個人が同族法人に多額に貸し付けたという特徴があります。

　本件のようにアパートの建築資金の不足額（20％相当額）を個人が同族法人に貸し付ける場合，私見ですが，通常は多額の貸付けには該当せず，無利息での対応が可能と考えます。貸付けの金額が一体いくらから「多額」と考えるべきかは，税務上の判断となります。仮に利息を個人に支払うときは，同族法人の金融機関からの調達金利を参考に決めることになるでしょう。

(3)　担　保

　同族法人が所有するアパートと父が所有するアパートの敷地部分は，金融機関の担保として提供するのが通常です。その他の担保余力のある不動産に共同担保の設定を要求されることもあります。

　また，法人の代表者は連帯保証人となります。アパートの敷地が借地の場合，完全所有権の土地と比較すると担保価値が著しく落ちますので，融資の対象となるかは，金融機関により対応はまちまちでしょう。

Q-23　法人が建物を取得するための資金調達②
──中古の収益建物の購入

　私（父）は保有するアパートを長女が出資する新設の同族法人に売却することを考えています。同族法人には売却代金に相当する資金がありません。資金調達はどのようにすればよいでしょうか。

ポイント ....

　借入金返済済みの中古建物の譲渡は実行が容易です。他方，借入金返済中の中古建物については注意が必要です。特に売却金額より個人のローン残高の方が高い場合は問題が残ります。スキームについては**Q-18**，建物の譲渡価格については**Q-21**，出資者については**Q-27**を参照して下さい。

A ....

⑴　借入金返済済みの中古アパートを売却するケース

　①　売買代金の一括支払い

　ここでは建物の譲渡価格は帳簿価額の3,000万円（＝時価と仮定）とします。長女が出資する新設の同族法人に資金があれば，売買契約を締結し，引渡し時に代金を同族法人から父に支払って，取引は無事終了します。

　仮に同族法人に十分な資金がなくても金融機関からの借入れにより資金調達ができれば，父に3,000万円を一括で支払うことができます。金融機関が融資するか否かは，建物の築年数と耐用年数の関係がポイントになります。築年数が耐用年数の到来前であれば，融資を受けることができるかもしれません。

　②　売買代金の分割払い

　次に，同族法人に十分な資金がなく，金融機関からの借入れもしないということになると，売買代金は分割払いとなります。その際は，建物の売

買契約書に分割返済に関する定めをきちんと明記することはいうまでもありません。私見では分割払いの金額が「多額」ではない限り，無利息でも問題ないと考えていますが，最終的には**Q-22**で紹介した平和事件を参考に判断して下さい。

(2)　借入金返済中の中古アパートを売却するケース

①　売買代金≧個人の借入残高

　建物の譲渡価格3,000万円に対して父（個人）の金融機関からの借入残高が2,000万円の場合は，ローン返済中の物件の売買となりますが，あまり問題はないといえます。金融機関としては，債務者変更等として対応してくれることが予想されるからです。

②　売買代金＜個人の借入残高

　建物の譲渡価格3,000万円に対して父（個人）の金融機関からの借入残高が4,000万円の場合はどうでしょうか。

　父は差額の1,000万円を金融機関に対して一括返済することで対応ができますが，それができないのなら，私見では無理にこの売買を実行することは避けるべきと考えています。

第6章

不動産保有会社の設立

Q-24 不動産保有会社の設立方法

不動産保有会社を設立しようと考えています。会社にはどのような形態があるかを教えて下さい。

ポイント..

　会社は「株式会社」，「合名会社」，「合資会社」，「合同会社」の４つの形態があり，出資者の責任の範囲や出資持分の譲渡の自由度が形態ごとに異なります。一般的には，株式会社の形態にされる方が多く見受けられます。

A..

　不動産保有会社を設立する際，どのような会社形態にするのかを決めなければなりません。平成18年の会社法の創設により，現在，「株式会社」，「合名会社」，「合資会社」，「合同会社」の４つの会社形態があります。

①　株式会社

　出資者である株主は，出資した金額を限度として責任を負うだけで，会社債権者に対して責任を負いません。これを株主の間接有限責任といいます。株主には業務の執行権が与えられておらず，株主総会で議決権を行使することにより会社の基本的事項の決定に参加します。では誰が会社の経営をおこなうかというと，株主が株主総会で選任した取締役です。このようなしくみから，株式会社は所有（株主）と経営（取締役）が分離されているといわれます。

　ただし，未上場の同族会社については，「株主＝取締役」になっていることが多く，所有と経営が一致しているケースがほとんどです。また，原則として株式の譲渡は自由となっていますが，同族会社などの未上場会社では，会社経営上好ましくない者の参加を防止するために，その株式に一

第6章　不動産保有会社の設立　77

定の譲渡制限をつけるのが一般的です（**Q-26**を参照）。

②　合名会社

出資者が無限責任社員のみで構成される会社です。無限責任社員とは，会社がその会社の財産をもって債務を完済できなかった場合等には，連帯して債務を弁済する義務を負う出資者をいいます。

③　合資会社

出資者が直接有限責任社員と無限責任社員の両方から構成される会社です。直接責任とは，会社の債務につき出資者が債権者に対して直接責任を負うことをいいます。合資会社では，出資者によって出資の限度額の範囲内で債務を負うだけでよい者もいれば，無限に債務の返済義務を負わなければならない者もいます。

④　合同会社

出資者が間接有限責任社員のみで構成される会社です。定款により全社員の同意があれば出資者の中から業務執行社員を定めることができますが，基本的には，社員全員が会社業務を執行する権限を有し，直接経営に参加することができます。

また，出資者は，原則として他の出資者全員の承諾がなければ，その出資の持分を他人に譲渡することができません。ただし，業務執行権を有しない有限責任社員は，業務執行権を有する出資者全員の承諾があれば，その出資の持分を他人に譲渡することができます。

【図表6－1】 会社の形態

会社形態	出資者の責任範囲	株式等の譲渡	最低出資者数
株式会社	間接有限責任	原則，自由。ただし，非上場会社は制限することも可。	1名
合名会社	無限責任	出資者の全員の同意が必要。	1名
合資会社	無限責任と直接有限責任	業務執行権あり：他の社員全員の同意が必要。 業務執行権なし：無限責任社員全員の同意が必要。	2名
合同会社	間接有限責任	業務執行権あり：他の社員全員の同意が必要。 業務執行権なし：業務執行社員全員の同意が必要。	1名

　以上，4つの会社形態がありますが，不動産保有会社を設立する際には，特段の事情がなければ，間接有限責任でシンプルな形態である株式会社を選択すればよいでしょう。

Q-25 不動産保有会社を設立するための手続き

不動産保有会社を設立するための手続きの流れを教えて下さい。

ポイント

会社の商号等がスムーズに確定すれば，登記の申請まで約2週間程度で完了します。最短では1日から3日という対応も可能です。

A

株式会社を前提とした場合，発起設立と募集設立のいずれかの方法により設立します。発起設立とは，発起人が設立時に発行する株式すべてを引き受ける方法です。募集設立とは，設立時に発行する株式の一部を発起人が引き受け，残りを募集にかける方法です。本書では，1人もしくは少数の発起人が同族の不動産保有会社を設立することを想定しているので，発起設立に絞って説明します。

① 会社の商号，会社の目的，本店の所在地の決定

会社の商号（名称），目的（業務の内容），本店の所在地は，設立手続きの中でも，必ず最初に決めなければならない事項です。すでに登記されている会社と同名，同業の会社でも設立できますが，設立後に問題にならないよう事前に類似商号を確認した方がよいでしょう（同一商号かつ所在地が同一であるときは登記ができません）。

② 印鑑の作成

類似商号の調査後，代表印など各種印鑑を作成します。令和3年2月15日から代表印の届出は任意になり，令和2年11月より9割以上の行政手続きで原則押印が廃止されましたが，金融機関での融資等の契約行為におい

て代表印の押印を求められるケースはまだ多く，当面は代表印の届出は必須といえます。

③　定款の作成と認証

会社の商号，目的，本店所在地以外の必要事項を決めていき，それを基に会社運営の基本的なルールである定款を作成します（**Q-26**を参照）。

定款は公証役場で公証人の認証を受けることで，はじめて法的な効力が発生します。

④　出資金の払込み

この時点では会社の口座を開設できないため，出資金を株式会社の設立を企画する個人（出資者が法人の場合には，法人）の口座に振込み，または入金します。

⑤　議事録などの必要書類および登記申請書の作成

会社設立の登記の申請書および添付書類として必要になる発起人決定書，就任承諾書，調査報告書等を作成します。

⑥　設立の登記の申請

申請書類一式が揃ったら，会社設立の登記を法務局（登記所）に申請します。なお，登記申請した日が会社の設立日になります。

⑦　諸官庁への届出

会社設立登記の申請後，1週間前後で謄本を取得することができます。謄本を取得したら，金融機関で会社名義の口座を開設し，税務署や年金事務所などに各種の届出書を提出します（**Q-33**を参照）。

会社名・所在地・株主および取締役などがスムーズに決まれば，①から
⑥まで約2週間程度で終わります。①から⑥を最短で実行すると1日から
3日でも対応は可能です。

Q-26　設立にあたって決定すべき事項

不動産保有会社の設立にあたって決めなければならない事項は何でしょうか。

ポイント..

会社の根本規則にあたる定款には，必ず盛り込まなければならない事項（絶対的記載事項）と，その他会社を運営していくうえで決める必要がある事項（相対的記載事項と任意的記載事項）があります。

A..

会社の設立時には定款を作成する必要があります。定款には絶対的記載事項といって，必ず記載しなければならない事項があります。

(1)　絶対的記載事項

①　目　的

会社がおこなう事業内容を記載します。不動産保有会社であれば，「不動産賃貸業」を記載し，その他にも営む事業（例えば，不動産管理業）があれば，その事業内容を記載します。現実におこなう事業だけでなく，将来おこなおうと考えている事業があれば，それもあらかじめ記載しておくことができます。

②　商　号

いわゆる社名のことです。株式会社であれば「株式会社」を名称の前か後に必ず付ける必要があります。名称はアルファベットやカタカナを使用しても問題ありません。

③　本店の所在地

本店が所在する場所を番地まで記載することを求められていないので，独立の最小行政区画である市区町村および東京特別区まで記載します。

④　設立に際して出資される財産の価額またはその最低額

株数等ではなく，出資する財産額またはその最低額を記載します。会社法の創設により現在では最低資本金の規制がなくなりましたので，いくらにしてもかまいません（**Q-30**を参照）。

⑤　発起人の氏名または名称および住所

発起人の氏名（発起人が法人の場合には名称）と住所を記載します。発起人とは，定款に署名または記名押印（電磁的記録の場合には電子署名）した人をいいます。

⑥　発行可能株式総数

会社が発行することができる株式数を記載します。公証人による定款認証の段階で定款に定めておく必要はありませんが，会社の設立登記までには必ず定めておかなければなりません。株式の譲渡制限がない公開会社の場合，設立する際の発行株式の総数は，発行可能株式総数の４分の１以上でなければなりません。

(2)　その他決めるべき事項

絶対的記載事項のほか，次の事項も決定する必要があります。④から⑥の取締役や監査役の定めは，取締役を１人とすることも可能です。

①　設立時の発行株式の総数

１株の額面を50円や５万円とするといった規制は現在ありませんので，

１株１円として多数の株を発行することも，もしくは１株しか発行しない
とすることも可能です。ただし，将来的に贈与や売買で次世代に容易に移
転することができるように１株とするようなことは避けた方がよいでしょ
う。

② 　公告の方法
官報に公告するのが一般的です。

③ 　決算期（**Q-31**を参照）

④ 　設立時の取締役および代表取締役の決定
　非公開会社であれば，取締役の人数は１人からでも可能となり人数制限
はありません。取締役が１人のときにはその人が代表取締役になり，複数
人いる場合には，特に代表者を定めなければ取締役全員が代表取締役にな
ります。

⑤ 　取締役会の設置の有無
　取締役会の設置の有無を定めることができます。公開会社の場合には取
締役会の設置が必要ですが，非公開会社の場合には設置が任意となります。
取締役会を設置しない場合には取締役の人数が１人でも可能ですが，取締
役会を設置するとなると取締役が３人以上，監査役または会計参与が１人
以上必要です。

⑥ 　監査役および監査役会の設置の有無
　監査役および監査役会の設置の有無を定めることができます。大会社以
外の非公開会社であれば監査役および監査役会の設置は任意となります。
監査役会を設置する場合には，取締役会の設置が必要で，監査役が３人以

上必要となり，そのうち半数以上は社外の人間から選任しなければなりません。

(3)　その他決めていた方がよい事項

①　株式の譲渡制限に関する定め

株式の譲渡は原則自由におこなうことができますが，非公開会社の場合には株主総会または取締役会の承認を受けなければ株式の譲渡をできなくすることができます。

本書では非上場会社である不動産保有会社を前提にしています。好ましくない親族や第三者等が株式を売買できないように譲渡制限の規定を定めておくべきです。

②　株券発行の定め

会社法では原則，株券を発行しません。定款に定めることによって，株券を発行することができますが，株主への株券発行の事務手続きは煩雑であり，紛失のリスクもあるので，本書が想定する不動産保有会社の場合には，株券を発行しない方がよいでしょう。

③　取締役および監査役の任期

取締役の任期は，選任後2年以内（監査役の場合は4年以内）に終了する事業年度のうち最終のものに関する定時株主総会の終結の時までです。委員会を設置せず，非公開会社であれば，定款に定めることによって10年まで伸長することができます。

Q-27　出資は誰がすべきか①—建物所有方式のケース

建物だけを所有する会社の設立を考えていますが，この会社の出資者は誰にすればよいでしょうか。

ポイント

建物のみ所有する方式に関して本書が想定する資産家のイメージは地主です。地主が個人で土地を所有し，建物を法人名義で所有します。不動産保有会社の株式は最終的に地主の後継者が保有すべきです。できる限り設立時の段階でその後継者が出資して保有することが望ましいでしょう。設立時の段階で後継者が決まっていなければ，ご本人あるいは配偶者が出資するのもよいでしょう。

A

本書は不動産保有会社を2種類に分けています。建物所有方式と土地・建物所有方式です。建物所有方式は，資産家として地主をイメージしています（**Q-11**を参照）。地主は個人ですでに土地を所有しており，その土地に新たに法人名義で建物を建設するか，あるいはすでに所有する個人名義の賃貸物件を建物だけ同族法人に売却します。この結果，同族法人は建物のみ所有することになります（**Q-18**，**Q-22**，**Q-23**を参照）。

地主の後継者が仮に長男なら，最終的にこの不動産保有会社の株式は長男が保有すべきです。会社を設立する段階で長男が出資すればよいのですが，設立の段階では誰を後継者にするのか決まっていないこともあります。その場合は，地主本人あるいは配偶者が設立時は出資し，しばらくして後継者が決まった段階で売買か贈与により株式を後継者に渡します。

不動産保有会社が建物を取得して3年経過した後しばらくの間は，株価が下がるのが一般的です。また，建物のみ所有する方式では，土地を保有

第6章　不動産保有会社の設立　87

していないので含み益が生じることはまずないでしょう（ただし，耐用年数を経過したビル等ならゼロ簿価になり建物の固定資産税評価額と逆転し含み益が発生するようなケースもあります）。

　地主の配偶者を除いて後継者以外の人が株式を所有することは避けるべきです（**Q-61**を参照）。なぜなら，後継者とその他の人とで株式を通じて間接的に建物を共有することになるからです。将来，株式の買取りで揉める恐れもあります。

　出資者同士の人間関係が良好なうちは問題は表面化しません。しかし，相続が発生すると，株式は分散していきます。当初，親の相続によって兄弟姉妹で株式を持ち合っていたのが，さらに相続が発生し，代が変わることでいとこ同士による持ち合い状態になります。このような状態になると会社として重要な意思決定をする際，支障をきたすことになりかねません。

　仮に子供たちで株式を持ち合っていても，子供たちの代で建物を取り壊したり，土地も含めて一括して売却するなら，問題は少ないといえます。

　しかし，何の方針もなく，とりあえず子供たちに株式を持たせておこうという考えはお勧めできません。会社の設立と建物の建替えにつき，おおよその方針を決定すれば，後継者はおのずと決まります。建物が建っている個人名義の土地を誰に承継させるかが，決定に際しての重要な要素です。

　本書では建物所有方式の場合，無償返還方式を前提にプランを組み立てています。**Q-62**を参考にしてみて下さい。あくまでも一例ですが，出資者が単独のケースと複数のケースを紹介しています。

　また，複数（例えば，2つ）の不動産があり，地主が相続人それぞれに承継させたいと思っている場合であれば，会社を2社設立し，それぞれが出資者になるのも1つの方法です。

【図表6-2】 出資者（建物保有会社）

・後継者である長男のみが出資

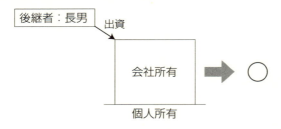

・後継者である長男と非後継者である次男が一緒に出資

第6章　不動産保有会社の設立　89

Q-28　出資は誰がすべきか②─土地・建物所有方式のケース

土地・建物を所有する会社の設立を考えていますが，この会社の出資者は誰にすればよいでしょうか。

ポイント

　土地・建物所有方式に関して本書が想定する資産家のイメージは，例えば企業オーナー・医者・弁護士などのキャッシュフローリッチです。30代から40代，あるいは50代前半までは，結果としてご本人が出資することが多いと思われます。

A

　本書は不動産保有会社を2種類に分けています。建物所有方式と土地・建物所有方式です。土地・建物所有方式は，資産家として，例えば企業オーナー・医者・弁護士などキャッシュフローリッチをイメージしています（前提として限界税率は50％〔50.84％〕。**Q-11**を参照）。

　企業オーナー・医者・弁護士など所得税等の税負担が重い個人で，土地を所有していない方が賃貸物件を法人名義で取得すると，同族法人は土地・建物を所有することになります。本人の年齢は30代から60代が主流でしょうか。前問の建物所有方式は資産家として地主をイメージしており，ご本人の年齢は50代から80代ぐらいを想定しています。

　毎年の収入水準が高い30代から40代のキャッシュフローリッチにとって，節税といったら通常は相続税より所得税の意味合いが強いはずです（**Q-8**を参照）。資産形成と所得税対策を兼ねて賃貸不動産を取得する場合，個人名義で所有するか，法人名義で所有するかを決めなければなりません。限界税率の観点からは法人名義で取得する方が有利です（**Q-6**と**Q-7**を参照）。

次に悩むのが，誰が会社に出資するかという問題です。本人の年齢からいっても子供は成人に達していないことが多く，また，配偶者との離婚リスクがゼロとも言い切れないのなら，消去法で本人が出資することになるでしょう。年齢が30代から40代なら，会社設立時は本人が出資して，ゆくゆくは配偶者や子供に時間をかけて贈与もしくは売買で株式を承継していくことになります。不動産保有会社は本人の信用力を背景に銀行から資金調達するというパターンが多いので，法人が賃貸不動産を取得して３年経過の後には，土地・建物の相続税評価額と借入残高のバランスから株価は当分の間は割安で評価されるはずです。

　年齢的に若いので時間をご自身の味方につけることができます。自分の本業に専念し，しばらくしたのちに財産の承継方針を決めて，不動産保有会社の株式を売買あるいは贈与すればよいでしょう。あるいは，財産の法人化にとどめ，それ以上は何もしないというのも選択肢の１つです。節税の観点だけでなく，家族に対するご自身の考えを大切にして下さい。

　仮に不動産保有会社の株式を本人が最後まで所有したとしても，結論からいうと，個人名義で所有するより法人名義で所有する方が税制上，圧倒的に有利になるはずです。個人の限界税率を50％〔50.84％〕とすると法人の実効税率は33％台と開差が約17％あり，相続税の計算のしくみから土地・建物を現物で評価するより株式の形での評価の方が課税上有利になるからです（**Q-4**を参照）。

　ただし，子供が複数いるなら，物件の規模に応じて法人の数を複数にすることもご検討下さい（**Q-61**を参照）。

※　〔　〕は復興特別所得税を含む税率。平成25年から令和19年まで適用。

第6章　不動産保有会社の設立　91

Q-29　出資の方法—金銭出資と現物出資

　出資の方法に現物出資というのがあると聞きました。金銭出資との違いを教えて下さい。私（個人）は会社の設立にあたって不動産の現物出資を検討中です。

ポイント...

　金銭以外の財産をもってする出資が現物出資です。現在では弁護士等による証明を受けた場合には，検査役の選任を裁判所に請求する必要がなくなり，以前より使い勝手がよくなっています。不動産の現物出資については不動産鑑定士の鑑定評価が必要です。現物出資の目的物に含み益があると，出資者側には譲渡所得税等がかかります。

A...

(1)　手続き面での比較

　金銭出資は，金銭による出資です。銀行口座に出資額の振込み，または入金が確認できれば問題ないので，手続きが容易です。

　それに対して，現物出資は金銭以外の財産による出資です。現物出資は，その目的物である財産の評価が適切になされるよう，検査役による調査が求められています（現物出資の目的たる財産の総額が500万円以下である等一定の要件を満たせば，検査役の調査は不要）。この検査役の調査は手続きが煩雑なので現物出資の利用を妨げていた側面があったことは否めません。

　現在では，設立時における現物出資の目的たる財産につき，弁護士，弁護士法人，公認会計士，監査法人，税理士または税理士法人の証明（不動産の現物出資については，その証明と不動産鑑定士の鑑定評価）を受けた場合には，発起人は検査役の選任を裁判所に請求する必要がなくなりました。

(2) 課税面での比較

　金銭出資は出資者および払込みを受ける会社に課税関係は生じません。

　それに対して，現物出資は課税関係に注意が必要です。出資者が現物出資した際に，取得した株式の時価（出資した財産の時価ではありません）により譲渡したものとして取り扱われるからです。ただし，その取得した株式の時価が出資した財産の時価の2分の1未満の場合には，出資した財産の時価により譲渡したものとみなされます。そのため，売却益が出れば，出資者が個人の場合には譲渡所得税等が課税されてしまいます。出資が建物等の消費税の課税対象財産であれば，消費税の課税も生じます。また，出資を受けた会社側でも財産が不動産であれば，登録免許税や不動産取得税がかかります。

　現物出資は手元の資金を減らさず，保有する不動産等で出資が可能となる点が魅力的ですが，目的物に含み益がある場合には実現益として課税されてしまうというデメリットがあります。

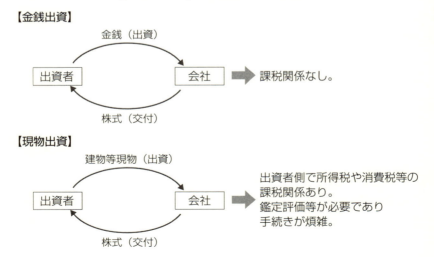

【図表6－3】　金銭出資と現物出資

第6章　不動産保有会社の設立　93

Q-30　資本金の額はいくらがよいか

　不動産保有会社の設立にあたり，資本金の額はいくらにすればよい
でしょうか。

ポイント ....

　会社法上，最低資本金制度は廃止されています。極端な例だと，設立時
から資本金をゼロとすることが認められる場合があります。

　資本金の額と税負担の関係では，法人地方税等の負担を考えると資本金
を1,000万円以下にしておくと会社の維持コストは安く済みます。さらに
設立から2年間分の消費税を免税としたいときは資本金を1,000万円未満
にすることになります（**Q-35**を参照。例外あり）。実際には不動産の賃貸
業をおこなうにあたり，総合的に判断して決定します。

A ....

　会社法の制定前は，資本の充実を図る観点から株式会社の最低資本金は
1,000万円でした。現在は，会社の設立を促進する目的から最低資本金制
度が撤廃されています。

　税コストと資本金の関係でいうと，資本金の額が高いと税コストも上が
ります。設立時の登録免許税の負担，設立後の法人県（市）民税の均等割
（法人の所得にかかわらず課せられる税）の負担は，資本金が高くなるほ
ど重くなります。資本金が1億円超で外形標準課税の適用対象[※]となり，
5億円以上では会計監査を受ける必要が生じます。外形標準課税の対象と
なれば，法人に利益が出ていなくても法人事業税が発生し，税負担が増加
する可能性があります。

　実際は，同族会社である不動産保有会社の資本金は，大部分が1,000万
円以下であることが多く，かつ，従業員はゼロか，いても数人です。その

場合の均等割は，従業員50人以下の区分の7万円となります。

　次に，消費税については設立事業年度は基準期間がないため，原則として免税事業者となり納税は生じませんが，設立時の資本金が1,000万円以上であれば，設立時から少なくとも2年間は消費税の課税事業者となります（**Q-35**を参照）。

　以上のことから，不動産保有会社として税負担をできる限り減らすという見地からは，資本金の額は1,000万円未満となります。ただし，設立後，建物を取得することにより消費税の還付を受ける予定の場合は課税事業者を選択するので，資本金が1,000万円以下でも1,000万円未満でも税効果は同じになります。

　Q-36と**Q-38**で説明しますが，資本金1,000万円未満で設立し，消費税の課税賃貸用の不動産の取得にあたって消費税の還付を受ける場合には，「消費税課税事業者選択届出書」の提出が必要となります。

（※）　令和6年度税制改正により外形標準課税の減資への対応措置がとられました。

　規模の大きい企業の減資への対応として，資本金1億円超の基準は維持しつつ，次の場合でも外形標準課税の対象となります。

①　前事業年度に外形標準課税の対象であった法人が資本金1億円以下になった場合でも，資本金と資本剰余金の合計額が10億円超の場合
→適用時期：令和7年4月1日以後に開始する事業年度から

②　資本金と資本剰余金の合計額50億円超の法人等の100％子法人等のうち，資本金が1億円以下であって，資本金と資本剰余金の合計額が2億円超の場合
→適用時期：令和8年4月1日以後に開始する事業年度から

第6章　不動産保有会社の設立　95

Q-31　決算期はいつにすべきか

不動産保有会社の決算期はいつにしたらよいでしょうか。

ポイント

　会社の決算期は設立時に任意に決めることができます。不動産保有会社と個人の財産を点検するための機会を増やすという観点からは，個人の所得税の計算期末である12月以外で法人の決算期を決めるのも一考に値するでしょう。

A

　個人の所得税については計算期間が1月1日から12月31日と暦年で定められていますが，会社の決算期は任意に定款で定めることができます。日本の上場会社は3月決算と12月決算が多いです。また，期末を月末にしている会社は多く見受けられますが，月の途中（例えば15日）を決算期末にすることも可能です。

　本書が想定する不動産保有会社は，個人の所得税対策と相続税対策の一環として設立された同族法人です。個人の財産と法人の財産を定期的に総合点検することは有益です。1年に1回よりは，1年に2回，そのような機会がある方がよいでしょう。

　個人の所得税の計算期末は12月末と決まっているため，法人の決算期を12月以外の例えば6月にすると，半年ごとに個人と法人の財産と収支状況を見直すことができます。申告時期が年2回となることにより税理士等のアドバイスの機会も増えるでしょう。その意味では，個人の計算期末である12月から半年前後（5月から7月）で決算期を設定するのが相当と考えますが，いかがでしょうか。

　次に資金繰り等の観点では，設立後，直ちに居住用賃貸建物以外の賃貸

用の建物の購入を予定しているのであれば，設立日から決算期末までの期間を政策的に短くし，申告期限を早めることにより早期に消費税の還付を受けることができます（図表6－4を参照）。逆に，少しでも1回目の申告を遅らせようと思えば，初年度の事業年度を設立日の属する月の前月末にすることも考えられます。

【図表6－4】 決算期

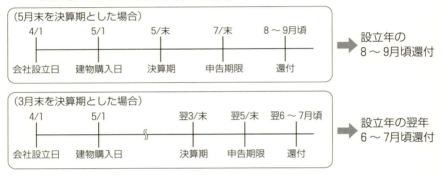

第6章 不動産保有会社の設立 97

Q-32 設立費用

不動産保有会社を設立するための費用はどのくらいかかるのでしょうか。

ポイント

定款認証料等の実費のほか，専門家に依頼する場合にはその報酬が発生します。金銭出資による通常の不動産保有会社の設立であれば，おおよそ総額で30万円台から40万円台の費用を念頭に置いておけばよいでしょう。

A

不動産保有会社を金銭出資により設立する場合には，登録免許税等をはじめとする実費と外部の専門家に依頼する報酬が費用として発生します。主なものとしては次のとおりです。

① 定款認証料　3万円から5万円

定款を公証人役場に提出し，内容に不備がないかを認証してもらう際に必要となります。

令和4年1月1日から，一律5万円だった株式会社の定款認証料が，資本金100万円未満の場合は3万円，100万円以上300万円未満の場合は4万円，300万円以上の場合は5万円に改められました。

② 定款に貼付する印紙　4万円（電子認証の場合には無料）

作成した定款に貼る印紙が必要となります。ただし，電子認証による場合には不要となりますが，電子認証を個人でおこなう場合には，専用のソフトが必要となる等，手続きは煩雑です。

③ 登録免許税　株式会社は資本金に対して0.7％の金額（最低15万円）

　会社の設立登記の際に登録免許税が，資本金に対して0.7％の金額（最低金額15万円）がかかります。

④ 会社の謄本，会社実印作成費用，印鑑証明書取得費用等　数万円

⑤ 専門家への報酬

　司法書士に定款作成を含めた登記書類作成等，税理士や社会保険労務士に官公庁への届出書の書類作成等を依頼すれば，その費用が生じます。専門家に依頼せずに個人で会社設立をおこなうことも可能ですが，不慣れなために時間がかかったり，思わぬミスが発生したりすることもあるでしょう。したがって，費用はかかったとしても外部の専門家と相談しながら手続きを進めていく方がよいでしょう。

　なお，現物出資による設立の場合には，現物出資財産に対する証明業務が必要となり，専門家に対する報酬の支払いが発生します（**Q-29**を参照）。現物出資財産が不動産の場合，その証明および不動産鑑定士の鑑定評価が必要になります。

【図表6－5】　会社の設立費用

（資本金の額に応じた一例）

資本金の額	500万円の場合	5,000万円の場合	1億円の場合
定款認証料	5万円	5万円	5万円
印紙 ^{（※）}	4万円	4万円	4万円
登録免許税	15万円	35万円	70万円
実印作成費用等	2万円	2万円	2万円
小計	26万円	46万円	81万円

＋

司法書士，税理士等の専門家報酬

（※）　株式会社の金銭出資を前提に計算。
　　　司法書士に登記を依頼すると電子認証が一般的なので，印紙の費用は生じません。
　　　実印作成費用等は2万円として計算。

第6章　不動産保有会社の設立　99

Q-33　設立時の届出書類

　不動産保有会社を設立したときには，いつまでに，どのような書類を，どこに提出する必要がありますか。

ポイント ....

　税務関係については本店所在地等の所轄税務署，県税事務所および市区町村の役所，社会保険関係については所轄の年金事務所，雇用保険の適用事業所に該当するときは所轄の公共職業安定所にそれぞれ所定の書類を各提出期限までに提出しなければなりません。

A ....

　会社の設立登記が完了すると，以後，法人税等の申告が必要になりますので，本店所在地等を所轄する税務署および事業所の所在地の都道府県税事務所および市区町村の役所に届出が必要となります。また，その他にも年金事務所や公共職業安定所等に届出が必要となることもあります。

　なお，令和3年2月26日から開始された法人設立ワンストップサービスを利用すれば，定款認証と設立登記を含めて，複数の各種手続き，行政機関への提出を1度で行うことができるようになりました。

(1)　税務関係書類

①　法人設立届出書

　会社を設立すると所轄の税務署，都道府県税事務所および市区町村の役所に設立した旨の届出書を提出しなければなりません。提出期限は設立日以後2か月以内です。

② 青色申告の承認申請書

　青色申告の承認を受けるには所轄の税務署に申請書を提出しなければなりません。青色申告の承認を受ける場合には，帳簿等の備付けが必要になりますが，欠損金の繰越しや減価償却の特別償却等の法人税の特典を受けることができます。提出期限は，設立日から３か月を経過した日または設立事業年度が終了する日のいずれか早い日の前日までです。

③ 給与支払事務所等の開設届出書

　役員や従業員等に給与を支払う場合に給与の支払いがおこなわれる事務所を管轄する税務署に提出する必要があります。したがって，家族等に給与あるいは役員報酬を支払い，所得を分散する場合には必ず提出が必要となります。提出期限は，給与を支払う事務所等を開設した日から１か月以内です。

④ 源泉所得税の納期の特例の承認に関する申請書

　通常，従業員等に給与を支払う際には所得税を控除して支払います。この控除した所得税は会社が預かり，原則として給与を支払った日の翌月10日までに所轄の税務署に納める必要があります。しかし，給与を支払う従業員等の数が９人以下であれば，この申請書を提出することにより，預かった所得税を納める時期を年２回にすることができます。１月から６月の支給分については７月10日，７月から12月の支給分については翌年１月20日が納期限となります。したがって，この申請書を提出することにより事務負担が軽減されます。申請書を提出した日の翌月の給与から適用となります。

⑤ 減価償却資産の償却方法の届出書

　減価償却資産の償却方法を選定する場合に必要となる届出書です。この

第6章　不動産保有会社の設立　101

届出書を提出しない場合には，建物・建物附属設備・構築物については定額法，器具備品等については定率法等のあらかじめ決められた償却方法により償却することになります。提出期限は，設立した事業年度の確定申告期限までとなります。

⑥　消費税課税事業者選択届出書（内容については**Q-35，Q-38，Q-39**参照）
提出期限は，設立した事業年度終了の日までとなります。

⑦　消費税簡易課税制度選択届出書（内容については**Q-36**参照）
提出期限は，設立した事業年度終了の日までとなります。

(2)　社会保険関係書類

法人を設立した場合，法人は会社の規模にかかわらず社会保険の強制適用事業所となります。

①　健康保険・厚生年金保険　新規適用届
法人を設立した場合には，所轄の年金事務所に設立した旨の届出書の提出が必要となります。提出期限は設立日から5日以内です。

②　健康保険・厚生年金保険　被保険者資格取得届
健康保険または厚生年金保険の加入対象者がいる場合にこの届出書が必要となります。この届出書を提出することにより，役員または従業員等は健康保険または厚生年金保険の被保険者となります。提出期限は加入対象者を雇用した日から5日以内です。

(3) **雇用保険関係書類**

　法人を設立し，雇用保険の適用対象者を雇用する場合には，「雇用保険適用事業所設置届」や「雇用保険被保険者資格取得届」を所轄の公共職業安定所に提出しなければなりません。

　ただし，役員は雇用保険の対象外となりますので，役員となる親族だけで従業員がいない場合は提出不要です。

第7章

不動産保有会社と消費税

Q-34　消費税の概要

消費税のしくみについて教えて下さい。

ポイント

　消費税は消費に着目し，広く公平に課税することを目的とした税金です。そのため，その負担は消費者に求めています。一方，事業者は納税義務者として，売上げの際に消費者を通じて「預かった消費税」から仕入れの際に「支払った消費税」を控除して納税します。消費税の計算方法は多数あります。どれを選択するかにより税額が増減するため注意が必要です。

A

(1)　計算のしくみ

　消費税は国内における消費に担税力を求めて課される税金で，消費者が最終的に商品の購入やサービスの提供を受けること等により負担する税金です。ただし，消費税の納税義務者は消費者ではなく，商品の販売等をおこなった事業者となります。

　事業者は，「預かった消費税」から「支払った消費税」を控除した金額を納付します。図表7－1をご覧下さい。小売業者は，売上げ22,000のうち消費税2,000を預かり，16,500の仕入れの際に支払った消費税1,500を控除した500を納付します。

> 「預かった消費税」－「支払った消費税」＝「納付税額」

第7章　不動産保有会社と消費税　105

【図表7-1】　消費税概要

製造業者　**売上**　卸売業者　**売上**　小売業者　**売上**　消費者

取引	製造業者	卸売業者	小売業者	消費者
	売上げ　10,000	売上げ　15,000	売上げ　20,000	本体価格　20,000
	消費税①　1,000	消費税②　1,500	消費税③　2,000	消費税③　2,000
		仕入れ　10,000	仕入れ　15,000	購入金額　22,000
		消費税①　1,000	消費税②　1,500	

| 消費税
納付税額 | ①　　1,000 | ②-①　500 | ③-②　500 | 2,000（事業者の
納付税額と消費
者の消費税支払
額が一致） |

(2)　計算方法等の選択と届出書

　実際の消費税の納付税額の計算のしくみは前記(1)のように単純ではありません。計算方法は1つではなく，一定の場合には納税者がさまざまな計算方法を選択することができることも，その複雑さを増している要因です。例えば「支払った消費税」の計算方法では，全額控除，個別対応方式，一括比例配分方式，簡易課税方式と主に4つの方法があります。納税者の状況によって選択できるものが違い，またどれを選択するかで消費税の納税額が増減することもあります（**Q-36**を参照）。

　各種の計算方法を選択するにあたって，事業年度が始まる前や前年までに税務署に届出書を提出しなければならないものもあります。届出書の提出期限はしっかりと管理することが重要です。また，届出書を提出すると，一定期間はその計算方法を強制的に適用しなければならないものもあり，複数年にわたるタックスプランニングが欠かせません。

　本書では，消費税の計算のしくみとともに各届出書等についても説明していますが，その内容は概略にすぎません。実際のタックスプランニングは個別案件ごとに異なります。各計算方法の選択の有利・不利の判定も複雑です。不動産保有会社の設立や不動産保有会社への建物の売却などをおこなう際には，税理士等の専門家に相談することが欠かせません。

Q-35　納税義務者と免税事業者，課税取引と非課税取引，課税期間と申告・納付

　消費税はすべての取引に課税され，あらゆる方が課税事業者に該当するのでしょうか。そして，課税事業者になった場合には，いつまでに申告と納付をおこなえばよいのでしょうか。また，インボイス制度と課税事業者の関係がわかりません。

ポイント

　不動産保有会社では店舗用・事務所用建物の貸付けや建物の売買が消費税の課税対象となります。土地の売買や住宅の貸付けには消費税はかかりません。また，すべての事業者が消費税の課税事業者となるわけではありませんが，免税事業者であってもインボイスの発行事業者になると自動的に消費税の課税事業者になることには留意すべきでしょう（図表7－3を参照）。原則，基準期間の課税売上高や特定期間などの判定によって決まります。

A

⑴　課税の対象

　消費税は，国内において，事業としておこなった商品の販売，サービスの提供および資産の貸付け等の取引などを課税の対象にしています。不動産賃貸業の場合，店舗用・事務所用建物の貸付けや賃貸用・店舗用建物の売買は消費税の課税対象です。土地の譲渡や貸付け，住宅の貸付けは，課税の対象になじまないことや社会政策的な配慮から，非課税とされています。

　個人所有の建物を不動産保有会社に譲渡する場合にも，譲渡時に消費税が課税されます。個人の土地に建物を建てた後の使用状況が貸店舗や貸事務所等であれば，その賃貸収入は消費税の課税取引になります。住宅の貸付けや地代収入（駐車場代を除きます）は，消費税が非課税になります。

(2) 課税事業者

　すべての個人事業者や法人が消費税の課税事業者になるわけではありません。基本的な考え方として，課税される期間（課税期間）からみて2年前の年や事業年度（基準期間）の課税売上高が1,000万円以下の事業者や，設立事業年度において資本金が1,000万円未満の事業者は納税義務が免除されます。ただし，基準期間のない資本金1,000万円未満の新規設立法人でも，課税売上高が5億円超の大規模な法人により支配を受けるような場合には，納税義務は免除されないことになります。

　課税期間…納付すべき消費税の計算の基礎となる期間で，原則として個人事業者は暦年，法人は事業年度をいいます。

　基準期間…ある課税期間において，消費税の納税義務が免除されるかどうかを判定する基準となる期間です。原則として，個人事業者についてはその年の前々年，法人についてはその事業年度の前々事業年度(※)をいいます。

> （※）　前々事業年度が1年未満である法人については，その事業年度開始の日の2年前の日の前日から同日以後1年を経過する日までの間に開始した各事業年度を合わせた期間をいいます。

【図表7-2】　消費税の課税事業者

【個人事業者の場合の課税期間と基準期間】

【法人（6月決算）の場合の課税期間と基準期間】

課税売上高…消費税が課税される取引の売上金額と輸出取引等の免税売上金額の合計金額。売上返品や売上割戻等に係る金額がある場合には，これらの合計額を控除した残額をいいます。

新設法人…その事業年度の基準期間のない法人のうち，その事業年度開始の日における資本金の額または出資の金額が1,000万円以上である法人。基準期間のない期間（第1期・第2期等）でも納税義務が免除されません。

基準期間の課税売上高が1,000万円以下であっても消費税の納税義務が免除されないときがあります。個人事業者の場合には前年の1月1日から6月30日までの期間，法人の場合には原則としてその事業年度の前事業年度開始の日以後6か月の期間をみて判定します。この期間の課税売上高が1,000万円を超えたときは消費税の課税事業者となります。この判定の期間を「特定期間」といいます。特定期間の課税売上高に代えて，給与等支払額の合計額により判定することもできます。給与等支払額の合計額か課税売上高のいずれかが1,000万円以下であるときは消費税の納税義務はありません。

なお，消費税の納税義務がないときでも，消費税の還付等を受けるため自ら課税事業者になることができます。この適用を受けるためには「消費税課税事業者選択届出書」を一定期間内に提出する必要があります。ただし，この届出書を提出すると原則として2年間は免税事業者に戻ることはできません。また，この届出書を提出した事業者（※1）は，課税事業者となった日から2年を経過する日までの間に開始した各課税期間中に調整対象固定資産（※2）を取得し，消費税の納税にあたり原則課税方式の計算をした場合には，この取得した課税期間の初日から3年間は免税事業者になることができません（Q-36を参照）。さらに，「消費税課税事業者選択届出書」を未提出の場合でも，高額特定資産を取得した一定の場合には，同様に3年間は免税事業者になれません（Q-42を参照）。

第7章 不動産保有会社と消費税

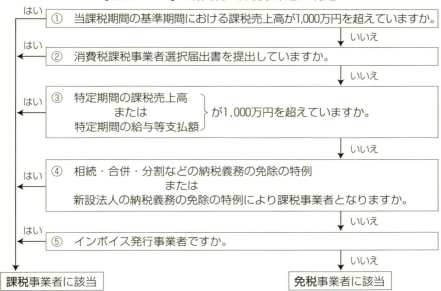

【図表7－3】 消費税の課税事業者の判定

(国税庁HP「消費税法改正のお知らせ（平成23年9月）」より一部変更)

　建物を取得するときなど，この「消費税課税事業者選択届出書」を提出して，消費税の還付を受けるときがありますが，建物の取得後も消費税の納税義務が免除されない期間が生じますので，慎重な判断が必要です。

　また，相続により事業を承継した場合や，法人が合併等した場合も納税義務の判定方法が別途定められており，消費税の納税義務の判定は複雑です。

　令和5年10月1日よりインボイス制度が始まりました。事務所，店舗，倉庫，駐車場の経営をされている免税事業者がインボイス発行事業者として登録すべきか悩ましい問題です。インボイスが発行できないと物件の競争力を失ってしまうリスクがあるからです。免税事業者がインボイス発行事業者になると自動的に課税事業者になります。

> （※1）　「新設法人」についても，同様の規定があります。
> （※2）　調整対象固定資産とは，消費税等に相当する金額を除いた金額が100万円以上の固定資産（建物およびその附属設備，構築物，機械および装置，船舶，航空機，車両および運搬具，工具，器具および備品，鉱業権等の無形固定資産その他の資産で棚卸資産以外のもの）をいいます。

(3) 申告と納付

　課税事業者に該当する事業者は，原則，個人については翌年の3月31日まで，法人については事業年度終了の日の翌日から2か月以内に消費税の申告書の提出および納付が必要となります。ただし，一定の要件に該当する法人について，「消費税申告期限延長届出書」を提出した場合には消費税の申告期限は1か月延長することができます。

　また，直前の課税期間の確定消費税額が一定の金額になると，その金額に応じて中間申告書の提出および納付が必要となります。

第7章　不動産保有会社と消費税　111

Q-36　消費税の計算方法─原則課税と簡易課税

　消費税の計算方法には原則課税方式と簡易課税方式があると聞きますが，それぞれの計算方法を教えて下さい。また，免税事業者からインボイス発行事業者となった場合の「2割特例」の内容も教えて下さい。

ポイント

　原則課税方式と簡易課税方式では，「支払った消費税額」の計算方法が異なります。原則課税方式では，実際に支払った消費税額を基に計算します。簡易課税方式では，事業の種類に応じて一定の率を使って計算します。それぞれ特徴があり，計算結果が大きく異なることもあります。簡易課税方式が選択できる場合には，どちらを採用するかについて検討が必要です。

　また，免税事業者からインボイス発行事業者となった場合には，一定期間において負担が軽減される措置が設けられました。

A

　消費税は，預かった消費税額（課税売上げに係る消費税額）から支払った消費税額（課税仕入れ等に係る消費税額）を控除した金額を納税します。この課税仕入れ等に係る消費税額のうち，課税売上げに係る消費税額から控除できる額のことを「仕入控除税額」といいます。課税売上げに係る消費税額が仕入控除税額より多ければその差額を納税し，その逆であればその差額を還付してもらいます。原則課税方式と簡易課税方式では，この「仕入控除税額」の計算方法が異なります。

【図表7－4】 原則課税方式と簡易課税方式

原則課税 課税売上げに係る消費税額から課税仕入れ等に係る消費税額を控除して，納付する消費税額を計算します。 ┌─ この部分の 計算が異なります

| 消費税の 納付税額 | ＝ | 課税売上げに 係る消費税額 | － | 課税仕入れ等に係る 消費税額（実額） |

簡易課税 課税売上げに係る消費税額に，事業に応じた一定の「みなし仕入率」を掛けた金額を課税仕入れ等に係る消費税額とみなして，納付する消費税額を計算します。

| 消費税の 納付税額 | ＝ | 課税売上げに 係る消費税額 | － | 課税売上げに 係る消費税額 ✕ みなし 仕入率 |

（国税庁HP「消費税のあらまし（令和6年6月）」より一部変更）

(1) 原則課税方式

① 課税売上割合の計算

　課税売上げに係る消費税額から控除する仕入控除税額の計算は，その課税期間中の課税売上割合によって異なります。課税売上割合は次の算式により計算されます。

$$課税売上割合 ＝ \frac{課税期間中の課税売上高（税抜き）}{課税期間中の総売上高（税抜き）}$$

　分母の総売上高とは，課税売上高と輸出による免税売上高，非課税売上高の合計をいいます。分子の課税売上高は，国内における課税資産の譲渡等の対価の額の合計をいい，輸出による免税売上高を含みます。分子には居住用の賃貸物件の収入や土地の譲渡収入は含まれません。

② 仕入控除税額の計算

図表7－5のように，①で計算した課税売上割合によって仕入控除税額の計算方法が異なります。

【図表7－5】 仕入控除税額

課税売上割合	仕入控除税額の計算方法	
95％以上	その課税期間の課税売上高が5億円以下の事業者	全額控除
	上記以外	個別対応方式 or 一括比例配分方式
95％未満	個別対応方式 or 一括比例配分方式	

全額控除とあるのは，課税期間中の課税売上げに係る消費税額から，課税仕入れ等に係る消費税額のすべてを控除して計算します。

個別対応方式と一括比例配分方式では，仕入控除税額を図表7－6のように計算します。なお，一括比例配分方式は支払った消費税額を区分する必要がなく経理処理が簡便ですが，1度選択すると2年間以上は継続適用しなければなりません。

【図表7－6】 個別対応方式と一括比例配分方式

【個別対応方式】

課税仕入れ等に係る消費税額	課税売上げにのみ対応するもの（全額控除できる）→		仕入控除税額
	課税・非課税の両方の売上げに共通するもの	課税売上割合で按分	
	非課税売上げにのみ対応するもの（全額控除できない）→		控除対象外

【一括比例配分方式】

課税仕入れ等に係る消費税額	課税売上げにのみ対応するもの		仕入控除税額
	課税・非課税の両方の売上げに共通するもの	課税売上割合で按分	
	非課税売上げにのみ対応するもの		控除対象外

課税仕入れ等に係る消費税額は，事業者が事業として資産を譲り受けたり，もしくは借り受けたり，または役務の提供を受けたことにより支払った消費税をいいます。

【図表7－7】　課税仕入れの内容

課税仕入れに該当するもの	課税仕入れに該当しないもの
• 仲介手数料 • 管理手数料 • 修繕費 • 水道光熱費 • 広告宣伝費 • 建物購入代金　等	• 役員報酬，給与 • 印紙代，固定資産税 • 減価償却費 • 火災保険料 • 借入金の利息 • 土地購入代金　等

(2)　簡易課税方式

　簡易課税方式は，課税売上高から納付する消費税額を計算します。まず，課税売上げを6種類の事業に区分します。次に，その種類に応じた一定の率（40％～90％）を課税売上高に乗じて控除する消費税額を計算します。この一定の率のことを「みなし仕入率」といいます。

　簡易課税方式は，課税売上げに係る消費税額にみなし仕入率を乗じて計算するため，仕入控除税額が課税売上げに係る消費税額を超えることはありません。つまり，実際に支払った消費税額が，預かった消費税額より大きくても税金が還付されることはないということです。そこで資産の購入により，消費税の還付を念頭に置く場合は，簡易課税方式を選択しないで原則課税方式を検討します。

　簡易課税方式は誰でも適用できるわけではありません。基準期間の課税売上高が5,000万円以下の事業者に限られます（基準期間の課税売上高についてはQ-35を参照）。

　また，簡易課税方式の適用を受けるためには，「消費税簡易課税制度選択届出書」を提出する必要があります。簡易課税方式を取りやめるときも

「消費税簡易課税制度選択不適用届出書」を提出する必要があります。いずれも提出期限は原則として，適用を受けようとする課税期間が始まる前までになります。

(3) 簡易課税方式の選択の検討

原則課税方式と簡易課税方式によって，消費税の納付税額の計算結果が大きく異なることがあります。簡易課税方式を選択適用すると2年間は原則課税方式に戻れません。さらに，「消費税課税事業者選択届出書」を提出した事業者は，次の一定の場合には，簡易課税方式を選択することができませんので，注意が必要です。課税事業者となる期間をあらかじめ確認し，この届出書を提出した方が有利かどうか検討することが重要です。

【課税事業者選択届出書を提出した場合の簡易課税方式の適用の注意点】

以下の場合には，調整対象固定資産（Q-35を参照）または高額特定資産（Q-42を参照）の課税仕入れ等をおこなった日の属する課税期間の初日から原則として3年間は，免税事業者となることはできず，簡易課税方式も適用できません。

① ・課税事業者選択届出書を提出した事業者が，課税事業者が強制される期間中に調整対象固定資産を取得していること
　　または
　　・課税事業者である期間中に高額特定資産を取得していること
② 　調整対象固定資産または高額特定資産を取得した日の属する課税期間の消費税の申告を簡易課税方式ではなく，原則課税方式により計算していること

なお，「新設法人」についても，同様の規定があります。

本書の不動産保有会社を前提とした場合，資産の購入や大規模修繕等がない事業年度は，一般的には課税仕入れとなる経費はそれほど多くありません。原則課税方式に比べて簡易課税方式が有利となるケースが多いでしょう。

【図表7-8】 簡易課税方式を適用した場合のみなし仕入率

事業区分	業種区分	みなし仕入率
第1種	卸売業	90%
第2種	小売業	80%
第3種	製造業	70%
第4種	その他の事業	60%
第5種	金融業および保険業	50%
	サービス業	
第6種	不動産業	40%

【図表7-9】 簡易課税方式が有利な場合

【例1】 課税売上高1,000万円, 課税仕入高300万円とした不動産賃貸業の消費税の納付税額

課税売上げに係る消費税額　　1,000万円×10%＝100万円
課税仕入れ等に係る消費税額　　300万円×10%＝30万円（全額控除）

	（原則課税方式により計算）	（簡易課税方式により計算）	
課税売上げに係る消費税額	100万円	100万円	100万円×40%（みなし仕入率）
仕入控除税額	30万円	40万円	
納付税額	70万円	60万円	

簡易課税方式の方が有利

第7章　不動産保有会社と消費税　117

【図表7－10】　原則課税方式が有利な場合

【例2】 課税売上高1,000万円，課税仕入高1,600万円とした不動産賃貸業の
　　　　消費税の納付税額

課税売上げに係る消費税額　　　1,000万円×10％＝100万円
課税仕入れ等に係る消費税額　　1,600万円×10％＝160万円（全額控除）

　　　　　　　（原則課税方式により計算）　　　　　　　（簡易課税方式により計算）
課税売上げに係る消費税額　　100万円　　　　　　　　100万円　　100万円×40％
仕入控除税額　　　　　　　　160万円　　　　　　　　　40万円　　（みなし仕入率）
納付税額　　　　　　　　△ 60万円（還付）　　　　　60万円（納付）

原則課税方式の方が有利

(4)　2割特例

　2割特例とは，免税事業者からインボイス発行事業者となったときに選択できる仕入税額控除の計算方法の特例です。通常，課税事業者は上記(1)または(2)の方法により仕入税額控除を計算しますが，免税事業者からインボイス発行事業者となった場合には，その負担を軽減するため課税売上げに係る消費税額の8割を仕入控除税額として計算することができます。つまり，課税売上げに係る消費税額の2割を納税すればよいことになるので，2割特例といいます。

　この特例は，インボイス制度を機に免税事業者からインボイス発行事業者として課税事業者になった小規模事業者に対する一時的な負担軽減措置で，令和5年10月1日から令和8年9月30日までの日の属する課税期間が適用できる期間です。適用にあたっては，事前の届出の必要はなく，課税期間ごとに2割特例を適用して申告するか否かについて判断することができます。ただし，高額な資産を仕入れた場合など一定の場合には適用できませんので，その適用の可否については税理士等の専門家に相談すべきでしょう。

【図表7-11】 計算イメージ

(国税庁HPより)

(5) **免税事業者からインボイス発行事業者への検討**

　免税事業者である不動産賃貸業を営む「個人」や「不動産保有会社」が、インボイス登録をすべきか否かの判断に迷う場合も多いかと思います。居住用の賃貸収入のみや取引先が免税事業者のみであるため、インボイス番号を求められることはない場合には、今のところインボイス登録は不要と考えられます。また、現状免税事業者ですが、店舗・事務所・駐車場等の賃貸収入やその他の事業からの収入で、取引先からインボイスを請求される可能性がある場合には、インボイス発行事業者になるべきかの検討が必要です。この場合、さらに簡易課税方式を選択すべきかどうか等、最適な課税方法を検討することになります。

第7章　不動産保有会社と消費税　119

Q-37　資産の譲渡者と取得者の課税関係

資産を売買したときの売主側と買主側の消費税の課税関係を教えて下さい。

ポイント..

消費税の課税取引を前提とした場合，売主側は売却に係る消費税額を買主から預かるため，消費税の納税負担は増加します。他方，買主側は購入に係る消費税額を売主に支払い，その課税期間の課税売上げに係る消費税額から控除できるかどうかは，購入した資産の用途により異なります。また，買主側が簡易課税方式の適用を受けている場合には，消費税の納税負担は増減しません。

A..

(1)　売主側の消費税の課税

課税事業者は，資産の売却が消費税の課税取引に該当すると消費税の課税売上高が増加します。

不動産取引では，建物の売却は課税取引となります。高額の取引となれば，課税売上高が急増します。売却代金が1,000万円を超える建物の売却をおこなった場合，今まで免税事業者であった事業者も原則として2年後には課税事業者になります。消費税の納税義務の判定には注意が必要です（**Q-35**を参照）。

また，簡易課税方式を選択している事業者は，基準期間の課税売上高が5,000万円を超えると，簡易課税方式の適用が受けられません（**Q-36**を参照）。原則課税方式により計算された消費税の納付税額が簡易課税方式で計算したときよりも増加することもあります。2年後の消費税の納付税額が大きく増加しないか確認が必要です。

120

なお，土地の売却は非課税取引となり，消費税は課税されません。ただし，売却した課税期間が原則課税方式で計算されているときは，課税売上割合が減少します。結果として，消費税の納付税額が増加する恐れがあります（**Q-36**を参照）。

(2)　買主側の消費税の課税

買主側は，資産の取得が消費税の課税取引に該当すれば，消費税の納付税額は減少することが多いでしょう。

不動産取引では建物の取得には消費税が課税されます。高額の取引となれば，課税仕入れに係る消費税額が通常の課税期間より大幅に増加します。ただし，その建物がアパートの収入など消費税の非課税売上げのみに対応する消費税額の場合はどうでしょうか。居住用賃貸の場合，取得した建物に係る消費税は控除することができません（**Q-39**と**Q-40**を参照）。

他方，その建物が店舗用の収入など消費税の課税売上げに対応する消費税額については，原則課税方式により計算する場合に限り，その控除が全部または一部可能となります（**Q-40**を参照）。

なお，購入した資産が土地等の場合には，非課税対象資産のため，買主側の消費税の計算には影響ありません。

第7章　不動産保有会社と消費税　121

Q-38　事業用賃貸建物（事務所，店舗，倉庫，工場）の取得と消費税の還付

同族法人が個人から居住用賃貸を除く事業用の賃貸建物（貸事務所，貸店舗，貸倉庫等）を売買により取得した場合，消費税の課税関係はどのようになりますか。

ポイント

同族法人が原則課税方式により消費税を計算する場合，居住用賃貸を除く事業用の賃貸建物の取得に係る消費税額は課税期間中の課税売上げに係る消費税額から控除します。取引金額が高額の場合は還付になることもあります。簡易課税方式を選択している場合には，消費税は還付されません。

A

(1)　買主側の同族法人

同族法人が個人から居住用賃貸を除く事業用の賃貸建物を取得するときは，その取得に係る消費税を課税売上げに係る消費税額から控除することができます。貸事務所，貸店舗，貸倉庫等の貸付けは消費税の課税売上げに該当するため，その賃貸建物の取得は課税売上げにのみ対応する課税仕入れとして区分されます（**Q-36**を参照）。

同族法人が原則課税方式により計算する場合，個別対応方式または一括比例配分方式のいずれかの選択を検討します。個別対応方式では購入に係る消費税額の全額が控除できるのに対して，一括比例配分方式では課税売上割合に応じた消費税額のみしか控除できません。預かった消費税額より仕入控除税額が大きければ，その差額が還付されます。

(2)　売主側の個人

個人が同族法人へ事業用の賃貸建物を売却するときは，消費税が課税さ

れます。その結果，課税事業者の場合には預かった消費税が増加し，納税負担も大きくなります。免税事業者の場合には消費税の納税はありません。ただし，この年の課税売上高が1,000万円を超えるときは，2年後は消費税の課税事業者になりますので注意が必要です（**Q-35**を参照）。

　課税事業者になる場合には簡易課税方式の適用も検討します。ただし，2年前（基準期間）の課税売上高が5,000万円を超えると適用できません。2年後の簡易課税方式の適用の可否にも注意して下さい（**Q-36**を参照）。

(3)　同族法人が消費税課税事業者選択届出書を提出する場合

　同族法人が消費税の免税事業者のときは，そもそも消費税を申告する義務がないため，納税も還付もありません。建物の取得により消費税の還付を受けるには，課税事業者にならなければなりません。消費税の課税事業者に該当しない場合（**Q-35**を参照），「消費税課税事業者選択届出書」を提出期限までに提出する必要があります。

　ただし，この届出書を提出すると2年間は免税事業者に戻ることができません。さらに一定の場合には，賃貸建物を取得した課税期間の初日から3年間は免税事業者に戻ることができないので注意が必要です（**Q-36**を参照）。

(4)　同族法人が簡易課税方式を選択している場合

　簡易課税方式では，預かった消費税額に業種ごとに決められたみなし仕入率を乗じた金額を支払った消費税額とみなして税額計算をします。これは実際に支払った消費税額は控除できず，還付を受けることができないということを意味しています（**Q-36**を参照）。建物を取得したなど支払った消費税額が高額になる課税期間については，事前に簡易課税方式を取りやめるかどうかの検討が必要です。

第7章　不動産保有会社と消費税　123

【図表7－12】　居住用賃貸を除く事業用の賃貸建物の取得

【前提】

課税売上げ（第6種事業）に係る消費税額①	1,000万円
課税売上割合	60%

課税売上げにのみ対応する課税仕入れ等に係る消費税額②（⑤を除く）	600万円
課税売上げ・非課税売上げに共通して対応する課税仕入れ等に係る消費税額③	300万円
非課税売上げにのみ対応する課税仕入れ等に係る消費税額④	200万円
事業用の賃貸建物の取得に係る課税仕入れ等に係る消費税額⑤	350万円

(例1)　個別対応方式により計算した場合
　　　イ　課税売上げに係る消費税額①
　　　　　1,000万円
　　　ロ　控除仕入税額
　　　　　600万円＋350万円＋(300万円×60%) ＝1,130万円
　　　　　※②＋⑤＋③×課税売上割合
　　　ハ　差引
　　　　　イ－ロ＝△130万円（還付）

(例2)　一括比例配分方式により計算した場合
　　　イ　課税売上げに係る消費税額①
　　　　　1,000万円
　　　ロ　控除仕入税額
　　　　　(600万円＋350万円＋300万円＋200万円)×60%＝870万円
　　　　　※(②＋⑤＋③＋④) ×課税売上割合
　　　ハ　差引
　　　　　イ－ロ＝130万円（納付）

(例3)　簡易課税方式により計算した場合
　　　イ　課税売上げに係る消費税額①
　　　　　1,000万円
　　　ロ　控除仕入税額
　　　　　1,000万円×40%（みなし仕入率）＝400万円
　　　ハ　差引
　　　　　イ－ロ＝600万円（納付）

Q-39　居住用賃貸建物の取得と消費税額の控除

同族法人が個人から居住用の賃貸建物を取得した場合も，Q-38の事業用の賃貸建物を取得したときと消費税の課税関係は同じでしょうか。

ポイント

令和２年度の税制改正により，同族法人が原則課税方式により消費税を計算する場合，居住用賃貸建物の取得に係る消費税は原則として控除できず，居住用賃貸建物の取得時ではその消費税額の控除は認められなくなりました。

A

⑴　買主側の同族法人

居住用賃貸建物を取得した場合には，取得した時点においてはその取得に係る消費税について控除できません。この取扱いは，令和２年度の税制改正により適正化されたものです。非課税となる住宅家賃収入に対応させるため，取得時点でもその足並みを揃えたことになります。

仮に取得後３年度内にその賃貸建物を居住用以外の用途で賃貸した場合や譲渡した場合には，取得時に支払った消費税額をその実績に応じて調整計算し控除できる制度となりました（Q-40を参照）。

①　仕入税額控除の制限

居住用賃貸建物の取得等に係る消費税額については，仕入税額控除の対象となりません。

居住用賃貸建物とは，住宅の貸付けの用に供しないことが明らかな建物（※1）以外の建物であって，高額特定資産または調整対象自己建設高額資産（※2）に該当するものをいいます。

> （※１） 住宅の貸付けの用に供しないことが明らかな建物とは，建物の構造
> や設備等の状況により住宅の貸付けの用に供しないことが客観的に明ら
> かなものをいいます。例えば，そのすべてが店舗である建物など建物の
> 設備等の状況により住宅の貸付けの用に供しないことが明らかな建物が
> 該当します。
> （※２） 高額特定資産の意義については，**Q-42**を参照。調整対象自己建設高
> 額資産とは，他の者との契約に基づき，または事業者の棚卸資産として
> 自ら建設等をした棚卸資産で，その建設等に要した課税仕入れに係る支
> 払対価の額の110分の100に相当する金額等の累計額が1,000万円以上と
> なったものをいいます。

② **Q-38との関係**

Q-38で説明した店舗等の事業用賃貸建物については，住宅の貸付けの用に供しないことが明らかなため上記①の制限は受けません。原則課税方式により消費税を計算する場合には，その取得等に係る消費税は仕入税額控除の対象となります。

また，店舗と住宅を併用している賃貸建物についても，使用面積割合や使用面積に対する建設原価の割合などその建物の実態に応じて店舗部分と住宅部分を合理的に区分しているときは，店舗部分の取得等に対応する消費税は仕入税額控除の対象とすることができます。

⑵ **売主側の個人**

個人が居住用の賃貸建物を同族法人に売却した場合の処理は，事業用の賃貸不動産を売却した場合の処理と同様です（**Q-38**を参照）。

Q-40　居住用賃貸建物に係る消費税額の調整

　Q-39の適用を受けた居住用の賃貸建物をその後店舗等による事業用の賃貸へ一部変更しました。消費税の計算上，何か影響はあるのでしょうか。

ポイント

　Q-39により，原則課税方式を採用しても，居住用賃貸建物の取得に係る消費税は原則として控除できません。

　ただし，当該物件について3年以内に居住用以外の賃貸や譲渡を行った場合には，取得から3年目の課税期間においてその消費税額の控除を調整することが認められています。

A

　居住用賃貸建物を取得した場合に，その取得に係る消費税が取得時点で控除できないのは，Q-39のとおりです。

　一方で，その後3年度内にその賃貸建物を居住用以外の用途で賃貸した場合や譲渡した場合には，取得時に支払った消費税額をその実績に応じて調整計算し控除できます。

　居住用賃貸建物について，第3年度内に店舗等への貸付けの用に供した場合や譲渡した場合には，調整計算を行うことになります。第3年度の課税期間とは，居住用賃貸建物の仕入れ等の日の属する課税期間の初日以後3年を経過する日の属する課税期間をいいます。

　この調整は，当該賃貸建物から生じた賃料収入および譲渡収入の合計額のうちに，どのくらい消費税が課税される収入が含まれていたのかという割合に応じて計算をおこないます。

　当初に支払った「居住用賃貸建物」に係る消費税はこの割合に応じて調整年度の仕入税額控除の額に加算することにより，その年の消費税の納税

負担が減少することになります。

具体的には図表7-13のとおりです。

【図表7-13】 居住用賃貸建物の取得等に係る消費税額の調整

◆ 第三年度の課税期間[※1]の末日にその居住用賃貸建物を有しており、かつ、その居住用賃貸建物の全部又は一部を**調整期間**[※2]**に課税賃貸用**[※3]**に供した場合**

⇒ 次の算式で計算した消費税額を第三年度の課税期間の仕入控除税額に加算

$$\text{加算する消費税額} = \text{居住用賃貸建物の課税仕入れ等に係る消費税額} \times \frac{\text{Aのうち課税賃貸用に供したものに係る金額}}{\text{調整期間に行った居住用賃貸建物の貸付けの対価の額}^{※4}\text{の合計額(A)}}$$

◆ その居住用賃貸建物の全部又は一部を**調整期間に他の者に譲渡した場合**

⇒ 次の算式で計算した消費税額を譲渡した日の属する課税期間の仕入控除税額に加算

$$\text{加算する消費税額} = \text{居住用賃貸建物の課税仕入れ等に係る消費税額} \times \frac{\text{Bのうち課税賃貸用に供したものに係る金額} + \text{Cの金額}}{\text{課税譲渡等調整期間}^{※5}\text{に行った居住用賃貸建物の貸付けの対価の額}^{※4}\text{の合計額(B)} \quad \text{居住用賃貸建物の譲渡の対価の額}^{※4}\text{(C)}}$$

※1 第三年度の課税期間とは、居住用賃貸建物の仕入れ等の日の属する課税期間の初日以後3年を経過する日の属する課税期間をいいます。
2 調整期間とは、居住用賃貸建物の仕入れ等の日から第三年度の課税期間の末日までの間をいいます。
3 課税賃貸用とは、非課税とされる住宅の貸付け以外の貸付けの用をいいます。
4 対価の額は税抜き金額で、この対価の額について値引き等(対価の返還等)がある場合には、その金額を控除した残額で計算します。
5 課税譲渡等調整期間とは、居住用賃貸建物の仕入れ等の日からその居住用賃貸建物を他の者に譲渡した日までの間をいいます。

(国税庁HP「消費税法改正のお知らせ(令和2年4月)」より一部抜粋)

Q-41 取得後の留意事項—調整対象固定資産に該当する場合

固定資産を取得した後，３年以内に用途を変更する計画があります。消費税の計算上，何か影響はあるのでしょうか。

ポイント

建物等の固定資産を取得した課税期間に原則課税方式を採用した場合，取得した後３年以内に用途を変更したときや取得後３年間で課税売上割合が大きく変わったときには，用途を変更した課税期間や取得等３年後の課税期間に消費税額が調整され，納付税額が増減する場合があります。

A

消費税は原則として１つの課税期間で区切り，課税売上げに係る消費税額から課税仕入れ等に係る消費税額を控除して計算します。しかし，単年度のみで判定することにより多額の固定資産に係る消費税を不当に控除（または還付）できたり，逆に控除できなかったりする事態が生じます。そのため高額な固定資産を取得した場合，その後約３年間の状況を考慮し，消費税の計算上では一定の基準を設けた調整が図られています。

(1) 調整対象固定資産を取得後３年以内に用途を変更した場合

調整対象固定資産（Q-35を参照）を取得後３年以内に課税業務用（事務所用賃貸不動産など）から非課税業務用（居住用賃貸不動産など）に用途を変更した場合には，変更した課税期間の仕入控除税額から一定の金額が控除され，仕入控除税額が縮小して消費税の納付税額が増加します。

逆に非課税業務用から課税業務用に用途を変更した場合には，変更した課税期間の仕入控除税額に一定の金額が加算され，仕入控除税額が増加して消費税の納付税額が減少します。

第7章　不動産保有会社と消費税　129

　この対象となる事業者は，調整対象固定資産の取得時に個別対応方式により計算している事業者となります。

【調整税額】
調整対象固定資産の取得から1年以内の転用…消費税の全額
調整対象固定資産の取得から2年以内の転用…消費税の2/3相当額
調整対象固定資産の取得から3年以内の転用…消費税の1/3相当額

【図表7−14】　課税業務用から非課税業務用への用途変更

【例1】同族会社が個人から貸店舗用の建物を3,300万円で購入（消費税は300万円）。
　　　　個別対応方式により計算。
　　　　毎年同族会社の課税売上げに係る消費税額は500万円，
　　　　毎年仕入控除税額は100万円。

貸店舗用
として使用

1年半後に
用途変更
→

居住用賃貸
として使用

（購入事業年度）	
課税売上げに係る消費税額	500万円
仕入控除税額	△ 100万円
購入に係る消費税額	△ 300万円
差引納付税額	100万円

（用途変更した事業年度）	
課税売上げに係る消費税額	500万円
仕入控除税額	△ 100万円
用途変更による調整税額(※)	＋ 200万円
差引納付税額	600万円

（※）1年半後の用途変更につき，
　　　300万円（建物購入に係る消費税）$\times \dfrac{2}{3} = 200$万円

【図表7－15】 非課税業務用から課税業務用への用途変更

【例2】 同族会社が個人から居住用の賃貸建物を3,300万円で購入（消費税は300万円）。
個別対応方式により計算。
毎年同族会社の課税売上げに係る消費税額は500万円，
毎年仕入控除税額は100万円。

（購入事業年度）		（用途変更した事業年度）	
課税売上げに係る消費税額	500万円	課税売上げに係る消費税額	500万円
仕入控除税額	△100万円	仕入控除税額	△100万円
購入に係る消費税額	0円	用途変更による調整税額(※)	△200万円
（個別対応方式により控除はなし）		差引納付税額	200万円
差引納付税額	400万円		

(※) 1年半後の用途変更につき，
300万円（建物購入に係る消費税）$\times \dfrac{2}{3} = 200$万円

(2) 課税売上割合が著しく変動した場合

　下記のすべてに該当した場合には，第3年度の課税期間において仕入控除税額の調整をおこないます。第3年度の課税期間とは，調整対象固定資産を取得した課税期間の開始の日から3年を経過する日の属する課税期間をいいます。

① 調整対象固定資産を取得等した事業年度において次のいずれかの方法により計算をおこなっている。

- 課税仕入れ等に係る消費税額の全額を仕入控除税額として控除した
- 一括比例配分方式により仕入控除税額の計算をおこなった
- 個別対応方式によりその調整対象固定資産を課税売上げと非課税売上げの両方に共通するものとして仕入控除税額の計算をおこなった

② 第3年度の課税期間の末日においてその調整対象固定資産を保有している。

③　第3年度の課税期間における通算課税売上割合が課税仕入れ等の課税期間の課税売上割合に比して著しく変動している。

【著しい変動の判定】

以下の(ⅰ)(ⅱ)のいずれにも該当する場合，著しい変動に該当

　(ⅰ)　変動差

　　　「仕入れ時の課税売上割合」と「通算課税売上割合」との差≧5％

　(ⅱ)　変動率

　　　「変動差」÷「仕入れ時の課税売上割合」≧50％

Q-42　高額特定資産を取得した場合の納税義務の免除等の特例措置

　高額な資産を取得等した場合には，仕入控除税額の計算上一定の制限があるそうですが，その内容を教えて下さい。

ポイント

　課税事業者（簡易課税適用者を除きます）が1,000万円以上の高額特定資産(※1)の購入や建設等をすると，その後2年間は免税や簡易課税の適用が受けられません。

A

　この特例措置は平成28年度の税制改正にて創設されました。

　課税事業者（簡易課税適用者を除きます）は，建物等の高額な資産を取得等した場合に，その課税期間に多額の還付を受けられることがあります。以前はこの還付を受けたその後の課税期間において，簡易課税を選択して消費税を少なくすることもできましたが，ここに制限が設けられています。

　課税事業者（簡易課税適用者を除きます）が，1,000万円以上の高額特定資産の仕入れ等をした場合は，一定期間は免税や簡易課税の適用を受けることができません。この一定期間とは，仕入れ等の日の属する課税期間の翌課税期間から仕入れ等をした課税期間の初日以後3年を経過する日の属する課税期間までの各課税期間，要するに翌年と翌々年の2年間です。

　自己建設高額特定資産(※2)の建設等についても同様の制限があります。

　なお，この特例の対象となる課税事業者は，課税事業者になった理由を問いません。

　つまり，「消費税課税事業者選択届出書」の提出により課税事業者になった者はもちろんのこと，基準期間における課税売上高が1,000万円を超えることにより課税事業者になった者も対象になるので注意が必要です。

（※1）「高額特定資産」とは，一の取引の単位につき，課税仕入れに係る支払対価の額（税抜き）が1,000万円以上の棚卸資産または調整対象固定資産をいいます。

（※2）「自己建設高額特定資産」とは，他の者との契約に基づき，またはその事業者の棚卸資産もしくは調整対象固定資産として，自ら建設等をした高額特定資産をいいます。

第8章

不動産保有会社設立後の対応

Q-43 法人に社長等の借入金等がある場合の対応①─借入金

長男が出資して設立した同族会社が父の土地にアパートを新築した際に父から借りた借入金がまだ残っています。このまま相続が発生するとこの借入金は相続財産になると聞きましたが，その問題点について説明して下さい。

ポイント

同族法人が被相続人（父）から借り入れている借入金は相続人にとって貸付債権となり，相続財産になります。相続発生までに解消することが重要です。スキームについては**Q-18**，資金調達については**Q-22**を参照して下さい。

A

(1) 問題の本質

不動産保有会社が収益建物を新築する際に，金融機関からの資金調達だけではなく，個人から借入れをおこなう場合があります。

本問のような不動産保有会社が父から借りた借入金は，父からみると貸付金であり，そのまま相続が発生すると貸付債権は相続財産となり，原則としてその債権金額が相続税評価額になります。相続発生までに何らかの対策を講じるべきでしょう。

(2) 解決策

① 返 済

不動産保有会社は父からの借入金を解消する対策として，不動産保有会社が父に支払う役員報酬を減額し，借入金の返済をおこなうのが効果的です（**Q-45**を参照）。父は貸したお金を回収するのに所得税等は課税されませんが，会社から役員報酬を受け取れば所得税等が課税されます。結果と

して，所得税等の軽減効果を得ながら，貸付債権という個人の相続財産の減少と現金化を図ることができます。個人が貸付金の解消で得た現金はそのまま納税資金にすることもできれば，次世代への贈与を進めたり，新たに不動産を取得するなど，さまざまな相続対策が可能です。

ただし，不動産保有会社が父へ支払う役員報酬を減額すると，不動産保有会社の利益が増加して法人税等が増えます。この利益対策としては不動産保有会社で加入する保険が有効です。不動産保有会社が保険料を支払い，その保険料の全額または一部を経費（損金）とすることで，利益が圧縮できます。保険の種類にもよりますが，支払った保険料は将来の建替資金や役員退職金の積立て，相続税の納税資金にもなるため，利益対策として保険の活用は検討すべきでしょう（**Q-47**，**Q-49**，**Q-50**を参照）。

②　DES

個人が不動産保有会社に対して有する貸付債権をその会社に現物出資し，代わりに株式を取得するのがDESです。会社からみると，債務（Debt）が資本（Equity）に振り替わります（Swap）。相続財産はDESにより貸付債権から不動産保有会社の株式に変わり，通常，相続税評価額も減少します。また，自社株式は株価対策を実行することで株価の上昇を抑えたり，徐々に贈与や譲渡をおこなうことで，相続対策が可能です。

ただし，DESの実行にあたっては貸付債権の「時価評価」が必要となります。通常の会社なら1億円の貸付債権は券面額の1億円で評価することができます。しかし，債務超過会社はそうはいきません。つまり，時価で評価したとき債務超過の状態にある不動産保有会社では，貸付債権の時価が券面額より低く，その結果「債務消滅益」が計上され，法人税法上は課税の対象とされてしまいます。しかし，時価評価の方法は税法上明らかにされていないため，債権評価の観点から債務超過に陥っている不動産保有会社は，企業再生の事案とは異なりDESの実行が困難といえます。

そもそも会社に現金があれば，DESをおこなう必要はありません。会社にある現金をいったん返済してもらい，改めて増資によって会社に現金を払い込むことで，DESと同じ効果を得ることができます。

【図表8-1】 DES

DES…借入金を資本金へ振替え（役員借入金を現物出資）

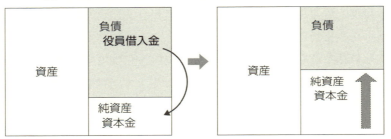

会社への貸付金（法人からみた役員借入金）は相続財産
➡株式に変化させ，株価対策等をして相続対策

> 平成18年4月1日以後の債務の資本金等への振替えについて，**貸付金の時価評価**が必要となり，時価との差額が**「債務消滅益」**として法人の課税所得を構成する税制改正がおこなわれている。

③ 代物弁済

代物弁済とは，債務者が債権者の承諾を得て，その負担した給付に代えて他の給付をもって弁済をおこなうことをいいます。本件では，債務者である不動産保有会社が借入金をお金の代わりにモノで返すことです。この代物弁済の実行にあたっては，法人税等と消費税の課税関係に注意が必要です。

代物弁済により個人に給付した不動産は，時価により譲渡したことになるため，含み益のある資産を会社が代物弁済に利用した場合は，その含み益が実現し，課税所得を構成します。したがって，債務者である会社は含み損のある資産で代物弁済をおこなうか，会社に繰越欠損金があるときに

代物弁済をおこなうなどの工夫が必要です。また，不動産保有会社が建物を代物弁済に利用した場合は消費税の課税対象となり，会社側に消費税の負担が生じます。土地を代物弁済に利用した場合は，消費税は非課税ですが，税額の計算方法に影響が出て，消費税の納税額が増加する場合があります。

　代物弁済をおこなうときは，法人税と消費税の検証を事前に十分おこなうことが重要です。また，不動産の移転に伴い不動産取得税や登録免許税の移転コストも発生するので，そのコストも含めて検討すべきでしょう。

④　債務免除

　個人が不動産保有会社に対する貸付債権を債務免除することで，貸付金を解消することができます。ただし，不動産保有会社に債務免除益が発生し，課税所得を構成します。会社に繰越欠損金があり，法人税の負担が発生しないかどうか検証をおこなった上で，債務免除を決定すべきです。また，当初から債務免除を前提とした借入金は，不動産保有会社への寄附とみられる可能性があるので，債務免除の実施時期や合理的な理由があるかなどの検討も必要です。

　そのほか，同族会社の株主構成にも留意してください。同族の不動産保有会社に対して債務免除をおこなうことにより，その会社の株価が増加した場合，債務免除をした者から他の株主へ，当該増加部分の金額を贈与したものとされます。債務免除後においてもその会社の純資産価額がゼロのままなら，株価の増加分は結果的にありませんので，他の株主への贈与税課税は発生しないと考えられます。

⑤　贈　与

　貸付債権を後継者に贈与することで，貸付債権を相続財産の対象外とすることも有効です。ただし，令和6年分からの贈与については，贈与して

から原則７年が経過しないと，相続発生時に相続税の課税対象となります（**Q-53**を参照）。

　また，暦年課税贈与の非課税枠の110万円の贈与だけでは，貸付債権は思うように減りません。大きく貸付債権を減らそうと多額の贈与をおこなうと，贈与税の負担が大きくなり，最適な贈与額に悩む方も多いでしょう。そのような場合には，推定の相続税の限界税率（計算上一番高い税率）と贈与税の実効税率（贈与税÷贈与額）を比較することで，有利な贈与額を検討することができます。ただし，貸付債権の贈与だけでは贈与税が納税できないため，貸付債権の一部返済など，納税資金の検討も必要でしょう。

　注意するポイントはありますが，贈与者が若い頃から贈与を開始できる場合，後継者に少しずつ贈与をすることで，贈与税の負担を抑えながら後継者に貸付債権を移動させることが可能です。

第8章 不動産保有会社設立後の対応 141

Q-44 法人に社長等の借入金等がある場合の対応②─未払金

　次男が出資して設立した同族会社が父から中古の賃貸マンション１棟を売買により取得した際に代金を分割払いとし，その未払金がまだ残っています。このまま相続が発生するとこの未払金は相続財産になると聞きましたが，その問題点について説明して下さい。

ポイント ....

　同族法人の被相続人（父）への未払金は相続人にとって未収債権となり，相続財産になります。相続発生までに解消することが重要です。スキームについては**Q-18**，資金調達については**Q-23**を参照して下さい。

A ....

⑴　問題の本質

　不動産保有会社が同族の個人から中古の収益建物を売買により取得する際に，代金を一括で支払うこともあれば，その代金を分割返済とし個人への未払金とする場合もあります。

　本問のような不動産保有会社の父への未払金は，父からみると未収入金であり，そのまま相続が発生すると未収債権は相続財産となり，原則としてその債権金額が相続税評価額になります。相続発生までに何らかの対策を講じるべきでしょう。

⑵　解決策

　不動産保有会社が個人への未払金を解消するには，返済，DES，代物弁済，債務免除，贈与等の方法があります（**Q-43**を参照）。

Q-45　法人に社長等の借入金等がある場合の対応③

　同族法人は社長等から借入れがあります。役員報酬を減額して借入金の返済に充てた場合とそうでない場合とで，債権者である社長等のキャッシュフローに違いが生じますか。

ポイント

　役員報酬を減額して，その分個人からの借入金の返済に充当することで所得税対策と相続税対策に寄与し，個人のキャッシュフローは改善します。ただし，役員報酬を減額すると法人の利益が増加するため，法人の利益対策が必要です。

A

(1)　役員報酬を減額する効果

　役員報酬には所得税等が課税されますが，不動産保有会社からの貸付金の回収には所得税等は課税されません。役員報酬を減額することで所得税等が軽減され，所得税等が課税されない貸付金の回収を受ければ，個人のキャッシュフローは改善します。したがって，資産税の観点からは，同族の個人が法人への貸付債権をまだ回収していないときは，不動産保有会社は役員報酬を減額して借入金の返済を優先すべきでしょう。

　他方，法人は役員報酬の減額によって経費が減少し，利益が増加します。法人の利益対策として保険等の活用も検討すべきです（**Q-47**，**Q-49**，**Q-50**を参照）。

第8章　不動産保有会社設立後の対応　143

⑵　シミュレーション

［前提条件］

　　個人からの借入金　　5,000万円　（法人に対する貸付金）

　　役員報酬　　　　　　1,500万円

　　個人の収入は給与のみ。所得控除は基礎控除のみで試算。

【図表8－2】　個人の手取金額の比較

（単位：万円）

		役員報酬 1,500万円	役員報酬500万円＋ 貸付金回収1,000万円
①	給与収入	1,500	500
②	給与所得控除額	▲195	▲144
③	給与所得	1,305	356
④	所得税	266	21
⑤	住民税	126	31
⑥	税合計（④＋⑤）	392	52
⑦	貸付金の回収	0	1,000
⑧	手取金額（①－⑥＋⑦）	1,108	1,448

手取金額が
340万円増加

※基礎控除（所得税48万円・住民税43万円）のみ考慮。

➡役員報酬を1,500万円から500万円に減額することで，個人のキャッ
　シュフローが340万円増加

➡個人の貸付債権が5,000万円から4,000万円に減額

Q-46 法人に資金を貯めるか，給与による分散か

今後，不動産保有会社で経常的に利益が発生する見込みです。役員報酬を増額して，不動産保有会社の利益を圧縮した方がよいですか。

ポイント

不動産の収入を個人ではなく，法人に帰属させる所得分散の第1段階では，法人にキャッシュが貯まることになります。さらに同族の親族等に役員報酬を支給する所得分散の第2段階では，個人にキャッシュが還流します（**Q-8**参照）。将来の役員退職金や相続税の納税資金等に備えるために，第1段階でとどめ，法人でキャッシュを貯める方がよい場合もあるでしょう。また，法人税等より個人の所得税等の限界税率が高ければ，役員報酬を増額して法人の利益を圧縮しても，法人・個人をトータルでみた税引後のキャッシュフローは逆に悪化する場合もあります。将来の資金使途や税負担等も考慮して，役員報酬の支給水準を決定すべきでしょう。

A

⑴ 不動産保有会社の内部留保

不動産保有会社は，役員退職金，大規模修繕，建替資金，相続税の納税資金など，不動産と家族のステージに合わせて多額の資金が必要になります。例えば，父の相続発生後に土地を相続した長男が，その土地を不動産保有会社に売却して相続税の納税資金を準備するような場合も，不動産保有会社に購入資金が必要となります（**Q-50**と**Q-62**を参照）。

同族の親族等に役員報酬を支給しすぎると不動産保有会社は内部留保ができず，資金が必要な都度，個人や金融機関から調達すれば，不動産保有会社の財務体質とキャッシュフローは悪化します。また，被相続人となる個人からの借入金がある場合，その返済ができないままでは，貸付債権と

第8章 不動産保有会社設立後の対応 145

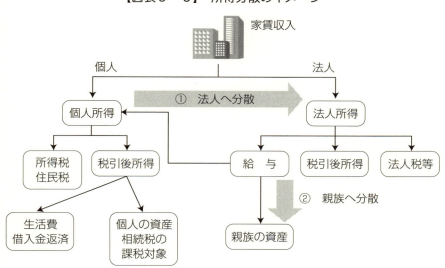

【図表8-3】 所得分散のイメージ

して相続財産になってしまいます。したがって，不動産保有会社の利益を個人に役員報酬の形で分散するよりも，不動産保有会社の内部留保に努めた方がよい場合があります。

ただし，不動産保有会社に内部留保が貯まると，不動産保有会社の純資産が増加し，不動産保有会社の株価が上昇します。内部留保が蓄積して不動産保有会社の株価が高くなり，相続税や贈与税の負担が大きくならぬよう，株価への影響額も検討すべきです。株価が将来的に上昇していく場合には，株式の生前贈与や譲渡を進めるべきでしょう。この問題は会社設立時の段階で後継者が100％出資しているときは発生しません。

(2) **親族への給与**

不動産保有会社から同族の親族等へ役員報酬を支給するのが，所得分散効果の第2段階です。親族へ役員報酬を支給することでさらに所得が分散

します。給与所得の計算上の概算経費となる給与所得控除を各人が利用することができる点も親族へ役員報酬を支払うメリットです。

　ただし，不動産保有会社の経営に全く携わっていない親族を役員にして報酬を支払うことには問題があります。そのような役員報酬は税務調査で不相当に高額であると認定され，法人税法上の経費である損金計上を否認される可能性があります。

第8章　不動産保有会社設立後の対応　147

Q-47　保険を活用した対策①—将来の役員退職金に備える

保険を活用した将来の役員退職金の準備について教えて下さい。

ポイント...

役員退職金の支払いには多額の資金が必要となるため，事前準備が欠かせません。不動産保有会社で保険に加入することで，法人の利益対策をおこないながら役員退職金の準備をおこなうのも有力な手立てといえます。

A...

(1)　役員退職金

法人税法上，役員退職金の損金計上について一定の制限があります。つまり，過大部分については損金不算入となります。支給額が適正であればよいのですが，何をもって適正というのかは難しい問題です。同業種・同規模の法人の状況等により相当と認められる金額は適正とされていますが，一体「相当」って何だろうと考えてしまいます。

そこで，役員退職金は判例等を参考に，次の計算式をベースに算定することが多いようです。

> 役員退職金　＝　役員の報酬月額　×　勤続年数　×　功績倍率

役員の報酬月額については，最終報酬月額で計算することもあれば，役員在職時の平均報酬月額で計算するなど，いくつかのバリエーションがあります。

【計算例】

- 社長は現在56歳（役員在任期間21年）
- 役員在任予定は65歳まで（役員在任期間30年）
- 65歳で息子に事業承継し，非常勤の会長に就任したい（**Q-48**を参照）
- 退職金は死亡時ではなく，生前に9,750万円の支給を希望
- 役員の報酬月額は最終報酬月額で計算
- 功績倍率は2.5で検討
- 功績倍率法による計算
- 退職金の目標額9,750万円＝最終報酬月額×30年×2.5

　➡必要となる月額報酬は9,750万円÷2.5÷30＝130万円（年額1,560万円）

　この計算例の場合，役員退職金の支給前に報酬を大幅に増額したり，功績倍率が合理的な理由もなく高いと役員退職金が過大と判断され，税務調査で否認されるリスクが高くなります。否認されると，その役員退職金の過大部分は法人税法上の経費（損金）になりません。支給の計算にあたっては，過去の役員報酬の実績，経営への功績度合いなど，十分に検討した上で支給額を決定すべきです。その他，役員退職金規程，株主総会や取締役会の議事録を作成するなど疎明資料をきちんと整えておくことが重要です。

(2)　保険を活用した退職金の準備

　役員退職金の支給には多額の資金が必要となります。不動産保有会社の内部留保から役員退職金を支払うこともありますが，役員退職金の準備には不動産保有会社で保険に加入するのが効果的です。経費算入できるタイプの保険の場合，保険活用のメリットは法人税等の負担が軽減できることです。支払った保険料は社外で積み立てられ，役員退職金の支払原資になります。

　法人で加入できる保険はさまざまです。損金に計上できる金額は保険の

種類によって異なります。保険の目的も重要です。死亡保障を厚くして死亡退職金の準備とするのか，満期や解約返戻金を重視して生前退職金の準備を目的とするのか。退職の時期，退職金の額を念頭に，通達（※）を含めた将来の保険税制の改正も考慮しつつ加入する保険を検討することが重要です。

（※）　令和元年6月28日付で「法人税基本通達等の一部改正について」（法令解釈通達）が発遣され，取扱通達（法人税基本通達9－3－4等）の改正とともに，個別通達が廃止されました。

　その結果，令和元年7月8日以後の新規の法人契約の定期保険と医療保険などの第三分野保険（通常の解約返戻金がある契約）に係る保険料の税法上の取扱いが変更になりました。逆にいえば，令和元年7月7日以前に加入しているこれらの保険については，改正後も従前の取扱いが認められています。

　改正前は定期保険や逓増定期保険で全額損金計上，解約返戻率が80％以上となる保険商品が多く利用されてきました。改正後は全額損金となるのはピーク時の解約返戻率が50％以下のものだけとなり，解約返戻率が高い保険ほど損金への算入率が低くなり，節税効果は薄れています。

　なお，法人が契約者，被保険者を役員・従業員として，死亡保険金の受取人を役員・従業員の遺族，満期保険金の受取人を法人とする養老保険については，従来からの取扱いに変更はありません。通常，保険料の2分の1が損金となりますが，全従業員を対象とすることが条件となっています。不動産保有会社のように従業員がいない会社の場合でも対象となるかは慎重な判断が必要です。

Q-48 生前の退職金とするか，死亡退職金とするか

役員退職金は相続発生後に支払う方法もあると聞きました。役員退職金を生前に支給する場合と，相続発生後に死亡退職金として支給する場合の違いを教えて下さい。

ポイント

生前の退職金は支給を受けた個人に所得税等が課税され，死亡退職金は相続税のみなし財産として受け取った相続人に相続税が課税されます。

A

(1) 死亡退職金と相続税法上のメリット

不動産保有会社から相続人に支給される死亡退職金は，一定の非課税限度額を控除することができ，控除後の残額が相続税の課税対象になります。

退職手当金等の非課税限度額＝500万円×法定相続人の数
適用対象者：相続人（相続放棄した受取人は適用外）

また，弔慰金として認められるものについても，一定の金額までは相続税が課税されません。

死亡原因	退職手当金等に該当する部分
業務上の死亡	弔慰金等の額 － 普通給与の3年分
業務上の死亡外	弔慰金等の額 － 普通給与の半年分

2社以上の会社から，弔慰金の支払いを受けた場合には，会社ごとに計算をおこないます。ただし，労災保険法に基づいて遺族給付等が支給された場合は，その全額が相続税の課税対象外となります。

第8章　不動産保有会社設立後の対応　151

(2)　生前退職金

①　生前退職金の税額計算

　生前に退職金を受け取った場合，退職所得として所得税と住民税が課税されます[※1]。退職金は，退職所得控除額を控除し，さらにこれを2分の1[※2]にしてから課税されるため，他の所得と比較して税額を抑えることが可能です。

（※1）　このほか，平成25年から令和19年まで復興特別所得税が課税されます。
（※2）　役員等としての勤務年数が5年以下である者が支払いを受ける場合には2分の1になりません。
　　　　また，令和4年分以後は下記のようになります。

【令和4年分以後の退職所得】

	勤続年数	（退職収入−退職所得控除額）のうち	退職所得の金額
従業員	5年以下	300万円を超える部分	（退職収入−退職所得控除額）
		300万円以下の部分	（退職収入−退職所得控除額）×1／2
	5年超		（退職収入−退職所得控除額）×1／2
役員等	5年以下		（退職収入−退職所得控除額）
	5年超		（退職収入−退職所得控除額）×1／2

勤続年数[※3]	退職所得控除額
20年以下	勤続年数×40万円（80万円未満の場合は，80万円）
20年超	（勤続年数−20年）×70万円＋800万円

（※3）　勤続年数に1年未満の端数が生じたときは，切り上げて計算します。

---

②　分掌変更等の退職金を支給する場合の注意点

　社長の座を退いて後継者に譲った後も，非常勤の会長や相談役として会社にとどまり，後継者のフォローをすることがあります。この場合，実際に退職してはいないものの，次の要件を満たしていれば，実質的に退職し

152

たと同様な事情にあると認められます。

---

① 　常勤役員が非常勤役員となる
② 　取締役が監査役となる
　①と②はいずれも実質面で判断
③ 　分掌変更後の報酬が分掌変更前よりおおむね50％以上減少
　（分掌変更後も，経営上の主要な地位を占めている場合を除く）
（※）上記いずれも原則的に退職金を未払計上していない

　仮に形式的に上記の要件を満たしていたとしても，実態判断で要件を満たしていなかった場合には税務上否認されます。否認されると退職所得ではなく給与所得として課税され，個人に多額の追加納税が発生する可能性があります。支給した法人側も役員退職金が否認されることにより，法人の経費（損金）にもなりません。法人・個人の両方に多額の税額が発生することになりかねません。

　分掌変更は否認された場合のリスクが非常に大きいため，実質的に分掌変更がおこなわれたことを客観的に証明できる疎明資料をしっかりと整える必要があります。

③　生前退職金の準備と保険の加入

　役員退職金の準備には，不動産保有会社が保険に加入するのが効果的です。退職時期はいつ頃になるか，その時にどの程度の資金が必要になるかを考え，退職のタイミングで保険の解約や満期が迎えられるよう保険を設計します。保険内容によっては，保険料の支払い時に全額または一部を法人で損金にできるため，法人税等の節税効果があります。この場合，解約・満期・死亡などにより保険金が入金されると，法人の益金となりますが，同時期に退職金を支給することで，益金が退職金（損金）と相殺され，税負担を軽減することが可能です。役員退職金の支給金額の考え方についてはQ-47を参照して下さい。

第8章　不動産保有会社設立後の対応　153

Q-49　保険を活用した対策②—将来の建替資金等に備える

　将来の建替資金について，保険を活用して準備する方法を説明して下さい。

ポイント..

　建替えあるいは大規模修繕の時期に解約を想定した保険に加入し，保険料を損金に算入して法人税等の負担を軽減しながら，将来の建替資金等の準備をすることが可能です。

A..

　建替えや大規模修繕には多額の資金が必要になるため，計画的に準備を進めていかなければなりません。不動産保有会社の内部留保から建替資金等の自己資金を捻出しますが，不足分は金融機関からの借入れで賄うことになります。自己資金の原資は不動産保有会社が法人税等を支払った後に残った金額がベースになることを考えれば，タックスプランニングは欠かせません。

　賃貸業は他の事業と比較して売上予想が立てやすいことを考えると，保険を使って利益対策を考えるプランは効果的です。保険料の支払い時に全額または一部を法人で損金にできるタイプを選べば，法人税等の負担が軽減されます。支払った保険料が社外に積み立てられることにより，建替資金等の支払原資が準備できます。

　保険を解約すると解約返戻金が入金されます。課税上は解約返戻金から資産計上した保険積立金勘定の差額が雑収入勘定で処理され，その雑収入勘定の金額が益金となります。最も単純な想定では，保険料の支払い時に全額損金計上するタイプだと解約返戻金の全額が雑収入となり，2分の1損金計上するタイプだと解約返戻金の2分の1の金額が雑収入となり，そ

の分会社の利益は増加するでしょう。解約時に何もなければ，そのまま利益が課税所得となり法人税等の負担が増加しますが，建物取壊し損や大規模修繕等の費用が保険解約時と同じ事業年度に発生すれば，法人税等の負担が軽減されます。

　また，不動産保有会社が必要以上に同族の親族に役員報酬を支払うと資金が社外流出することになり，建替資金等が会社に残りません。建物のライフサイクルにより，不動産保有会社の資金需要は異なりますが，建替えと大規模修繕をにらんだ時期では，資金の留保を重視する経営計画を立てるべきでしょう。

第8章 不動産保有会社設立後の対応 155

Q-50 保険を活用した対策③——将来の相続税の納税資金に備える

不動産保有会社で加入する保険を活用して将来の相続税の納税資金を準備するしくみを説明して下さい。

ポイント

不動産保有会社で保険に加入する目的は，保険料として社外で積み立てた資金を含めた法人のキャッシュ作りにあります。役員の死亡退職金の支給あるいは相続人が相続で取得した土地等を法人に売却することにより，法人に帰属するキャッシュを個人に移し，相続税の納税資金に充てることができます。

A

⑴ 相続税の納税資金についての考え方

相続発生後に，多額の納税が予想される場合，生前にどのような準備ができるでしょうか。相続税の納税は，まずは⒤現金による一括納付が原則です。現金一括納付が無理なら，現金の分割払いである⒤延納，それでも無理ならモノで納める⒤物納という順序です。物納財産としては土地が代表的な例です。

生前における⒤と⒤の準備としては，キャッシュフローの改善に尽きます。⒤の生前の準備としては，物納予定地に測量等をあらかじめおこなうなど物納適格要件を事前に整えていくことです。

そのように考えてみると，相続人だけでなく同族法人であってもどちらでも構いませんから，キャッシュフローを改善して，ストックとしてのキャッシュを最大化するという意識を持つべきでしょう。本書では，不動産管理会社を不動産保有会社として活用して，会社あるいは個人にキャッシュを貯めることを推奨しています。保険の活用はあくまでキャッシュフ

ローの改善の手段です。会社に貯めたキャッシュは生前あるいは死亡時の役員退職金，建物の建替資金，相続税の納税資金として活用することを想定しています。

(2)　納税資金を確保する方法

　相続の発生時に相続人が納税資金を確保するために不動産保有会社のお金を自分に移す方法としては，次のようなものが考えられます。

① 　会社から相続人がお金を借りる
② 　相続人が相続で取得した自社株式を会社に売却する
③ 　相続人が相続で取得した土地等を会社に売却する
④ 　被相続人が退職金の支給を受けていない役員なら死亡退職金を支給し，その退職金を相続人が受け取る（**Q-48**を参照）

　②について補足します。不動産保有会社として建物のみ所有方式を想定すると，会社設立時に後継者が100％出資するか，あるいは設立後に生前贈与か株式の売買により後継者が100％株式を保有することを本書では推奨しています。この場合，後継者（＝相続人）は，相続で自社株式を取得することはありません。後継者（＝相続人）が100％株式を保有していないケースで，仮に相続財産として後継者がこの方式の不動産保有会社の株式を相続しても，株価は通常それほど高額にはなりません。対して不動産保有会社が土地・建物所有方式で資産に占める土地等の割合が高く，かつ，含み益があれば株価は高額になるかもしれません。株価が高い優良な未上場会社の場合には，相続発生後の自社株売買は相続人の納税資金の確保のための有効な手段となります。

　③については，具体的には次のようなイメージを想定しています。生前に建物だけ不動産保有会社に売却し，相続発生後に相続人が相続で取得した土地を不動産保有会社に売却して，相続税の納税資金に充てるプランで

第8章　不動産保有会社設立後の対応　157

す。土地の売却には，取得費加算の特例（**Q-52**と**Q-62**を参照）の適用を
受け，その譲渡に係る所得税等の負担を軽減します。不動産保有会社が役
員に報酬を支払うのを抑え内部留保に努めていれば，土地の購入資金を自
己資金で賄うことができるかもしれません。また，金融機関からの融資を
検討することになるかもしれません。

⑶　保険を活用した準備

　このタイミングで保険を解約すると解約返戻金が入金されます。課税上
は解約返戻金から資産計上した保険積立金勘定の差額が雑収入勘定で処理
され，その雑収入勘定の金額が益金となります。最も単純な想定では，保
険料の支払い時に全額損金計上するタイプだと解約返戻金の全額が雑収入
となり，2分の1損金計上するタイプだと解約返戻金の2分の1の金額が
雑収入となり，その分会社の利益は増加するでしょう。

　解約時に何もなければ，そのまま利益が課税所得となり法人税等の負担
が増加しますが，臨時的な費用を計上することができれば，法人税の負担
が軽減されます。その臨時的な費用の例としては，④の死亡退職金となり
ます。

Q-51　相続税の申告期限の翌日以後3年以内に土地を売却して納税資金を確保する

　将来，相続が発生した時には，相続税の納税資金が足りないので，相続で取得した土地を売却して納税する予定です。相続発生後に土地を売却して納税資金を準備する方法を説明して下さい。

ポイント

　相続税の納税手段として不動産を考えた場合，①生前の売却による現金化，②相続発生後の売却による現金化，あるいは③物納による納税が考えられます。税制上は相続発生日の翌日から3年10か月以内の譲渡は，取得費加算の特例（Q-52を参照）も利用でき，譲渡所得に係る所得税等を軽減することが可能です。しかし，不動産の売却にあたって最も重要なのは不動産の相場です。相続発生後に税制上のメリットがあるといっても，最終的には税引後の手取額を最大にする観点から売却のタイミングを総合的に検討します。その意味では，平成26年度の税制改正により，取得費加算の特例が縮減された影響は大きいといえます。相続財産の大部分が土地というような事案では納税資金対策の再検討が必要です。

A

(1)　納税の方法

　相続財産の多くが不動産である方は，相続財産に占める金融資産の割合が少なく，相続税の納税資金が不足しがちです。金銭一括納付が困難であれば，延納や物納といった方法のほか，不動産を売却するなどして納税しなければなりません。延納は利子税が通常1.2％から6.0％かかり（別途，特例割合あり），その負担も大きなものとなるため，実務上は物納または不動産の売却での納税が多くみられます。

(2) 生前の売却

　生前に不動産を売却する第1のメリットは，売却に有利な時期を選択することができる点です。不動産市況の動向や優遇税制の利用等，有利な状況を選択して売却することができます。ただし，取得費が不明の不動産を生前に売却すると，譲渡価額の5％しか取得費にできないため，多額の所得税等が発生します。先祖代々相続で引き継がれてきた土地等は取得費不明の典型例です。

　第2のメリットは，相続発生前に不動産を換価することで，将来の遺産分割が容易になります。

　相続発生後の売却には取得費加算の特例という税制上のメリットがあるといっても，最終的には税引後の手取額を最大にする観点から不動産市況をにらんだうえで売却のタイミングを総合的に検討すべきでしょう。

(3) 物　納

　物納のメリットは，不動産そのもので相続税の納税ができることです。また，物納地の相続税評価額で納付できますから，不動産の市況が悪化しているときは，不動産を売却してから相続税を金銭納付するより，物納の方が有利になります。所得税等の考え方では，物納も国に対する譲渡なので所得税等の課税対象になりますが，超過物納部分以外は，所得税等が非課税の扱いになっています。

　しかし，不動産の物納には金銭納付困難事由をはじめとして，さまざまな要件を満たさなければなりません。不動産に境界や埋設物・土壌汚染等の問題があった場合，売却では買主との取引価額に反映させて対応することも可能ですが，物納のときはさまざまな問題を自ら是正した後でなければ国は物納を認めてくれません。しかも平成18年4月1日以後の物納からは，書類等に不備等があれば，その期間は利子税がかかりますから，生前からの準備が必須といえます。

また，物納はその適用要件から更地や貸宅地（底地）が中心になることが多いため，不動産保有会社が建物を所有している土地等は物納が困難です。

(4)　相続後の売却

相続発生日の翌日から３年10か月以内の不動産の売却には，「取得費加算の特例」の適用があります。従来，相続税の一部を売却不動産の取得費とするこの特例により，譲渡時の所得税等が大幅に軽減できる可能性がありました。しかし，平成27年１月１日以後に開始する相続等からは，所得税等が大幅に軽減されることは期待できなくなりました。詳しい内容は次の**Q-52**を参照して下さい。

また，特例の適用期間が３年10か月以内といっても不動産を売却して相続税の納税資金を確保するつもりなら，相続税の申告期限である10か月以内に不動産の引渡しまで終えていなくては，納税資金を確保することはできません。相続発生後の限られた時間内での売却は，生前の売却に比べ，不動産の売却のタイミングを選ぶことができません。この売り急ぎせざるを得ない状況が相続後の売却の最大の欠点です。なお，相続後の売却も事前に測量等を実施しておくなど生前の準備は必須です。

第8章　不動産保有会社設立後の対応　161

Q-52　取得費加算の特例とは

相続で取得した不動産や株式を売却すると，相続税を取得費に加算できる制度があると聞きました。この特例について教えて下さい。

ポイント ....

相続した不動産や株式を譲渡した場合，支払った相続税の一部を譲渡所得の計算上，取得費に加算して所得税等を軽減することができます。

A ....

(1)　取得費加算の特例

相続等により取得した土地，建物，株式などを，相続税の申告期限の翌日から3年以内に譲渡した場合には，相続税額のうち一定金額を譲渡資産の取得費に加算することができる制度があります。相続税の申告期限は相続発生日の翌日から10か月なので，この特例の適用期限は相続発生日の翌日から3年10か月以内となります。この制度は一般的に「取得費加算の特例」と呼ばれています。同制度を利用することで，相続で取得した資産を譲渡しても，譲渡に係る所得税等が軽減され，相続税の納税資金の確保に寄与します。

ただし，相続税の計算上，配偶者の税額控除等の適用により納付する相続税が生じない方は，この規定を適用しても加算額がゼロとなり，譲渡に係る所得税等は軽減されません。

(2)　取得費加算額

平成26年度の税制改正の結果，取得費加算の特例は見直され，その内容が縮小されました。すなわち，相続や遺贈で取得した「すべての土地等」に対応する相続税額が取得費加算の対象であったのが，「譲渡した土地等」

に対応する相続税額しか対象になりません。

$$
\text{譲渡者の} \atop \text{相続税額} \quad \times \quad \frac{\text{譲渡者の相続税の課税価格の計算の}}{\text{譲渡者の相続税の課税価格（債務控除前）}}
$$

適用時期 平成27年1月1日以後に開始する相続または遺贈により取得した資産を譲渡する場合に適用
（※）上記の計算は，代償分割等の場合は異なる計算となるのでご注意下さい。

(3) 取得費加算の特例の計算例

　土地等の取得費が不明であれば，生前に譲渡すると譲渡価額の5％しか取得費にならず，多額の所得税等が課税されます。取得費加算の特例により，譲渡に係る所得税等が軽減されます。

【図表8－4】 取得費加算の計算例

【設例】
　相続した土地Aを譲渡した。
- 法定相続人　子1人のみ
- 相続税額　　1億円
- 譲渡金額　　1億2,000万円
- 取得費　　　600万円
- 譲渡費用　　400万円
- 被相続人はいずれの土地も長期で保有
- （※）相続税の取得費加算の特例の適用要件はすべて満たしていると仮定

相続財産	相続税評価額
土地A	1億円
土地B	1億2,000万円
土地C	7,000万円
その他財産	2,823万円
合　計	3億1,823万円

　譲渡金額1億2,000万円－（取得費600万円＋譲渡費用400万円＋**取得費加算額3,142万円**）
＝譲渡所得金額7,858万円
　譲渡所得金額7,858万円×税率20％（所得税・住民税）
＝**1,571万円**（この他復興特別所得税あり）(※)

取得費加算額の計算
譲渡者の相続税額
（1億円）
　×　$\dfrac{\text{譲渡者の相続税の課税価格の計算の基礎とされた}}{\text{譲渡者の相続税の課税価格（3億1,823万円）}}$ ≒ 3,142万円

（※）取得費加算の特例の適用がないときの所得税・住民税は2,200万円。

第8章　不動産保有会社設立後の対応　163

　相続税の納税資金として土地等の売却を検討する場合は，取得費加算の特例の適用を考慮したうえで，生前に売却した方がいいのか（**Q-51**を参照），相続発生後に売却した方がいいのかを検討すべきです。

第9章

次世代への資産の承継

Q-53　相続税の基礎知識

相続税のしくみについて教えて下さい。

ポイント

いったん相続財産を法定相続割合に基づいて分割したと仮定して相続税の総額を計算し，その金額を実際の相続財産の取得割合に応じて個人の相続税を計算します。

A

①　各人の課税価格の計算

相続，遺贈，相続時精算課税制度に係る贈与によって財産を取得した者ごとに，各人の課税価格を計算します。相続開始前7年以内に贈与（暦年贈与）された財産も相続税の課税価格に含まれます。

②　課税遺産総額の計算

上記①で計算した各人ごとの課税価格の合計額から，遺産に係る基礎控除額を差し引き，課税遺産総額を計算します。

> 遺産に係る基礎控除額　3,000万円＋600万円×法定相続人の数(※1)

（※1）　被相続人に養子がある場合は，「法定相続人の数」に含める養子の数については，被相続人に実子があるときは1人まで，被相続人に実子がないときは2人までとなります（特別養子縁組の養子など一定の養子は除きます）。

③　相続税の総額の計算

②の課税遺産総額を法定相続分に応じて取得したものとして仮定し，各人ごとの取得金額を計算します。この各人ごとの取得金額に，それぞれの相続税の税率を乗じた金額を計算し，その各人ごとの金額を合計します。

相続人等が実際にどのように取得したかに関係なく、相続税の総額が計算されます。

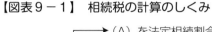

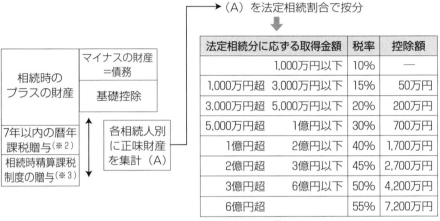

（※2）令和6年分からの暦年課税贈与については、加算対象が従来の3年から7年に改正されました。ただし、延長された4年間（相続開始前3年超7年以内）に贈与により取得した財産の価額については、総額100万円まで加算されません。
（※3）令和6年分からの贈与については、特定贈与者ごとに1年間に贈与により取得した財産の価額の合計額から基礎控除額（110万円）が控除され、その控除後の残額が相続財産に加算されます。

④ 各人の納付すべき相続税額または還付される税額の計算

③で計算された相続税の総額を、①の課税価格の合計額に占める各人の課税価格の割合で按分して計算した金額が各人ごとの相続税額です。

なお、被相続人の1親等の血族（代襲して相続人となった孫（直系卑属）を含みます）および配偶者以外の人は、その人の相続税額が2割加算されます。

【図表9−2】 相続税の2割加算の対象者

※ 網掛けをしている親族が2割加算の対象者

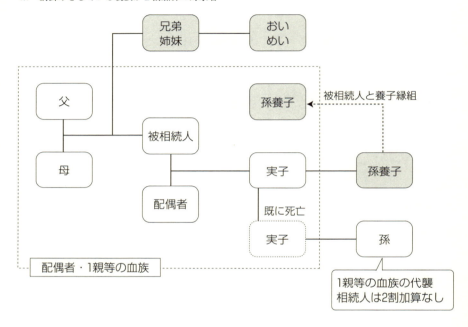

　各人ごとの相続税から,「贈与税額控除」「配偶者の税額軽減」などの税額控除の額を差し引いた金額が各人の納付すべき相続税額または還付される税額となります。「配偶者の税額軽減」とは,配偶者が相続した財産が1億6,000万円までか, 1億6,000万円を超えても配偶者の法定相続分までなら相続税がかからない制度です。

第9章　次世代への資産の承継　169

Q-54　土地の価格体系と相続税評価額

　土地は一物多価といわれますが，土地の価格体系と相続税評価額の関係について説明して下さい。

ポイント ....

　土地の価格は一般的に，実勢価格，公示価格，路線価，固定資産税評価額，基準地価の５つがあげられます。それぞれ公示価格の何割程度の評価額になっているかを押さえることで，土地評価の目安を持つことができます。

A ....

　土地の価格は一物多価といわれますが，５つの価格が以下の４つの価格体系区分に整理されます。

　① 　実勢価格

　実際に市場で取引されている価格です。

　② 　公示価格と基準地価

　公示価格は，毎年１月１日を評価基準日として国土交通省土地鑑定委員会が標準地の正常な価格を公示するものです。毎年３月下旬に公表されます。

　一般的な土地取引の指標や公共事業用地の取得価格算定の基準とされ，適正な地価の形成に寄与することを目的としています。公示価格の水準を100とするとおおむね路線価は80，固定資産税評価額は70の水準になります。実勢価格はその売買の時点の市況，売主と買主の事情等にも左右されるでしょうから，公示価格±αと考えることができます。

　基準地価は，毎年７月１日を評価基準日として各都道府県が毎年９月頃

に公表しています。評価額の性質は，公示価格とほぼ変わりません。

③　路線価

　毎年1月1日を評価時点として，国税庁が相続税・贈与税の課税の際の基準となる価格を発表するものです。毎年7月1日に発表されています。

　公示価格の8割が目安とされています。相続税や贈与税の財産評価の際に利用します。逆にいうと，路線価を0.8で割りかえした金額は理論上の公示価格と考えることができ，地価の水準を大雑把につかむことができます。

④　固定資産税評価額

　1月1日を賦課期日として，固定資産税を課税するために各市町村が決定している価格です。3月頃に公表されています。固定資産税評価額は，不動産取得税や登記の際にかかる登録免許税の計算にも利用されます。

　路線価は公示価格の80%であるのに対し，土地の固定資産税評価額は公示価格の70%を基準に決定されることになっています。路線価と同様に，固定資産税評価額を0.7で割りかえした金額は理論上の公示価格と考えることができ，大雑把に地価の水準をつかむのに役立ちます。

　しかし，固定資産税評価額の評価替えは毎年ではなく，原則として3年に1度です。この点が公示価格や路線価とは異なります。平成30年，令和3年，令和6年が評価替えの年ですから，平成と令和の元号では3で割り切れる年に評価替えがおこなわれると覚えておくとよいでしょう。

第9章　次世代への資産の承継　171

【図表9－3】　土地の価格体系のイメージ

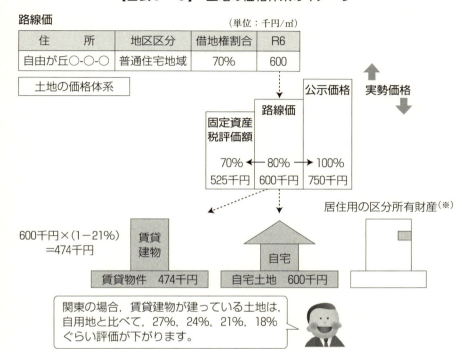

（※）居住用の区分所有財産
　令和6年1月1日以後は「居住用の区分所有財産」（いわゆる分譲マンション・タワマン）の評価が見直され，新たに定められた個別通達により評価することになりました。従来の評価方法では実際の購入価格と相続税評価額に大きな乖離があり，節税目的での取引が問題視されていましたが，この乖離を是正する改正が行われています。マンションの築年数や階数などの個別の条件によって評価は変わりますが，従来の評価方法よりも大幅に評価額が増加することもあります。なお，この評価方法は「区分登記されていないもの」（1棟評価の賃貸マンションなど）には適用されず，従来の評価方法となります。

Q-55　建物の建築価額，固定資産税評価額，相続税評価額

　建物の評価額も複数あるようですが，建築価額，固定資産税評価額，相続税評価額の関係について説明して下さい。

ポイント

　建物の建築後はじめて固定資産税評価額が設定されるときは，結果として建築価額の40％弱から70％弱ぐらいの水準になっています。建物の相続税評価はこの固定資産税評価額をベースにおこなわれるため，建物の完成により，建築価額から大幅に下がった水準で建物評価をおこなうことが可能です。また，建物が貸家のときは，固定資産税評価額から借家権割合30％を減額して相続税評価額とします。

A

(1)　建物の固定資産税評価額

　建物の固定資産税評価額は，総務大臣が定めた固定資産評価基準に基づいておこなわれ，市町村長がその価格を決定します。評価方法については，再建築費を基準として評価する，いわゆる再建築価格方式が採用されています。この評価方式は，評価の時点において，評価する建物を今建てるとしたらどれくらいの金額がかかるかという建築費を求め，その建物の建築後の経過年数に応じた減価を考慮して，評価額を求めるものです。

　固定資産税評価額の実際の計算方法は複雑ですが，実際の建築費よりもかなり低くなります。木造や鉄筋鉄骨といった建物の構造や利用細目によりますが，建築直後の固定資産税評価額は建築費の40％弱から70％弱程度になるようです。

(2) 建物の相続税評価額

建物の相続税評価は，原則として建物の固定資産税評価額に基づいておこなわれます。アパートや貸しビルなどの貸家であれば，借家権割合30%を減額して評価します。

建築直後の固定資産税評価額が上述のように建築費の40%弱から70%弱ぐらいであることを考えると，貸家はさらに借家権割合を控除した70%を乗じた金額になるため，貸家の相続税評価額は建築費の30%弱から50%弱の水準になります。つまり，アパートの建築費が1億円だとすると，相続税評価額は建物の構造により，おおむね3,000万円弱から5,000万円弱になり，7,000万円から5,000万円の相続税評価額の減額が見込めることになります。

なお，令和6年1月1日以後は「居住用の区分所有財産」（いわゆる分譲マンション・タワマン）の評価が見直しをされています（**Q-54**を参照）。

【図表9－4】 建物の価格体系のイメージ

売買価額	相続税評価額（自用）	相続税評価額（賃貸用）
新築建物 2億円	約1.2億円 固定資産税評価額×1.0 ↑建築費の約40～70%	約8,400万円 約1.2億円×（1−0.3）

建物 2億円 ……… 約▲1.2億円 …………

【前提条件】
借家権割合30%
建築費の60%で
固定資産税評価額を
計算

Q-56 不動産保有会社の株式の相続税評価額

不動産保有会社の株式も相続財産になるようですが，非上場会社の株式の相続税評価額について説明して下さい。

ポイント

非上場会社の株式評価は，支配権のある株主か少数株主か，特殊な会社か一般の会社かによって変わります。非上場会社の株価も一物多価といえます。

A

(1) 評価方法の概要

非上場会社の株式の相続税の評価方法は，株主の持株数（議決権割合）によって異なります。

【図表9-5】 非上場会社の株式の評価方法の概要

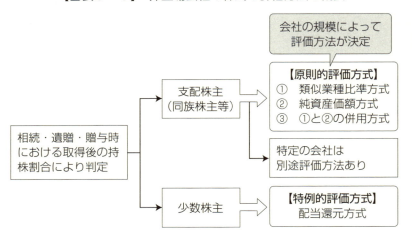

第9章 次世代への資産の承継 175

(2) 同族株主の判定

非上場株式を取得した後の株式の議決権の保有割合によって，同族株主かどうか判定します。

【図表9－6】 同族株主の判定

会社の区分	株主取得者の区分				評価方式
同族株主のいる会社	同族株主	取得後の議決権割合が5%以上			原則的評価方式
		取得後の議決権割合が5%未満	中心的な同族株主がいない		
			中心的な同族株主がいる	中心的な同族株主	
				役員	
				その他の株主	特例的評価方式
	同族株主以外				
同族株主のいない会社	議決権割合の合計が15%以上の株主グループ	取得後の議決権割合が5%以上			原則的評価方式
		取得後の議決権割合が5%未満	中心的な株主がいない		
			中心的な株主がいる	役員	
				その他の株主	特例的評価方式
	議決権割合の合計が15%未満の株主グループ				

同　族　株　主…課税時期における評価会社の株主のうち，株主の1人およびその同族関係者の有する議決権の合計数が，その会社の議決権総数の30%以上である場合におけるその株主および同族関係者をいいます。ただし，その合計数が50%超である株主がいる場合は，その50%超を有する株主および同族関係者だけが同族株主となり，その他の株主は同族株主以外の株主となります。

中心的な同族株主…同族株主のいる会社の株主で，課税時期において同族株主の1人ならびにその株主の配偶者，直系血族，兄弟姉妹およびその1親等の姻族（これらの者と一定の関係にある会社を含みます）の有する議決権の合計数が議決権総数の25%以上である場合の，その株主をいいます。

中　心　的　な　株　主…同族会社のいない会社の株主で，課税時期において，株主の1人およびその同族関係者の有する議決権の合計数がその会社の議決権総数の15%以上である株主グループのうち，いずれかのグループに単独でその会社の議決権総数の10%以上の議決権を有している株主がいる場合の，その株主をいいます。

(3) 会社規模の判定

従業員数，総資産，売上高の3要素によって，図表9-7に従って，会社の規模が判定されます。

【図表9-7】 会社規模の判定

```
①従業員数が70人以上 ➡ 大会社
  従業員数が70人未満 ➡ 下記の表で判断
```

③上位を選択 ←――――――――――――――――→
②下位を選択 ←―――――――――→

| 総資産価額（帳簿価額） ||| 従業員数 | 取引金額 ||| 会社規模とLの割合（中会社） |
卸売業	小売・サービス業	その他		卸売業	小売・サービス業	その他	
20億円以上	15億円以上	15億円以上	35人超	30億円以上	20億円以上	15億円以上	大会社
4億円以上	5億円以上	5億円以上	35人超	7億円以上	5億円以上	4億円以上	中会社の大(0.9)
2億円以上	2億5,000万円以上	2億5,000万円以上	20人超35人以下	3億5,000万円以上	2億5,000万円以上	2億円以上	中会社の中(0.75)
7,000万円以上	4,000万円以上	5,000万円以上	5人超20人以下	2億円以上	6,000万円以上	8,000万円以上	中会社の小(0.6)
7,000万円未満	4,000万円未満	5,000万円未満	5人以下	2億円未満	6,000万円未満	8,000万円未満	小会社

① 従業員数が70人以上の場合は大会社，従業員数が70人未満の場合には次の②③によって判断します。
② 総資産価額と従業員数のいずれか下位の区分を選択します。
③ 年間の取引金額と上記②で選択した区分とのいずれか上位の区分により会社規模を判断します。

```
●事例
【業種】不動産賃貸業・管理業
【取引金額】15億円              ➡  大会社
【総資産価額】5億円
【従業員数】10人
```

会社規模を判定後，その規模に応じて評価方法が定められます。

第9章　次世代への資産の承継　177

【図表9－8】　会社規模と評価方法

大会社 ： 類似業種比準価額　または 純資産価額

<2つの方式の折衷>

中会社の大 ： 純資産価額 または $\left[\text{類似業種比準価額}\times0.9 + \text{純資産価額} \times0.1\right]$

中会社の中 ： 純資産価額 または $\left[\text{類似業種比準価額}\times0.75+ \text{純資産価額} \times0.25\right]$

中会社の小 ： 純資産価額 または $\left[\text{類似業種比準価額}\times0.6 + \text{純資産価額} \times0.4\right]$

小会社 ： 純資産価額 または $\left[\text{類似業種比準価額}\times0.5 + \text{純資産価額} \times0.5\right]$

(4)　類似業種比準価額

　国税庁が公表している類似業種の業種目のうち，評価会社の事業内容と類似している業種目を選び，その類似業種目の「株価」，「1株当たりの配当」，「1株当たりの利益金額」，「1株当たりの純資産価額」を比準要素として，株価を計算します。

【図表9－9】　類似業種比準価額

$$\text{類似業種の株価} \times \frac{\dfrac{\text{評価会社の配当}}{\text{上場会社の配当}}+\dfrac{\text{評価会社の利益}}{\text{上場会社の年利益}}+\dfrac{\text{評価会社の純資産価額}}{\text{上場会社の純資産価額}}}{3} \times \text{斟酌率}\begin{bmatrix}0.7\\0.6\\0.5\end{bmatrix}$$

(5)　純資産価額

　会社の資産（相続税評価額）から負債（相続税評価額）および評価差額に対する法人税等相当額を控除して計算します。

【図表9－10】 純資産価額

資産（簿価）	負債（簿価）	純資産価額	→	純資産価額

純資産価額 ÷ 発行済株式数（自己株式除く）

63%
37%
（平成28年4月1日以後の相続・贈与から適用）

株価が高い会社は…
• 含み益がある不動産，株式等を多額に所有する会社
• 社歴が長く，過去の利益の蓄積により純資産が厚い会社

(6) 特定の会社の判定

　原則的評価方式により評価することになる株主は，下記の判定順序に従って，評価会社が特定の会社に該当しないか判定します。各項目に該当した場合は，(3)の評価方法ではなく，別個に定められた評価方法により評価します。

① 清算中の会社か

➡清算分配見込金額により評価

② 開業前または休業中の会社か

③ 開業後3年未満か，または，比準要素が3つともゼロか

④ 土地保有特定会社か

➡②～④のいずれかに該当した場合は純資産価額により評価

⑤ 株式等保有特定会社か

➡純資産価額か，$S_1 + S_2$方式により評価

⑥ 比準要素数1の会社か

➡純資産価額か，類似業種比準価額×0.25＋純資産価額×0.75により評価

上記の①から⑥のいずれにも該当しない場合は，(3)の会社規模に応じた評価方法により評価します。

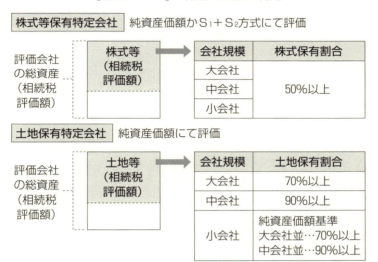

【図表9-11】 特定の会社の判定

(7) 配当還元方式

(2)の同族株主の判定において少数株主となった株主は，配当還元方式により評価することができます。特例的評価方式である配当還元方式は，過去2年間の配当金額を10%の還元率で割り戻して計算します。

【図表9-12】 配当還元方式

$$配当還元価額 = \frac{その株式に係る年配当金額^{(※)}}{10\%} \times \frac{その株式1株当たりの資本金等の額}{50円}$$

$$(※) 年配当金額 = \frac{直前期末以前2年間の配当金額}{2} \div 1株当たりの資本金等の額を50円とした場合の発行済株式数$$

(注) 年配当金額が2円50銭未満となる場合，または無配の場合は2円50銭とします。

第10章

資産承継のポイント

Q-57 遺言書がある場合とない場合の違い

「争族」対策に遺言書が有効と聞きますが，遺言書がある場合とない場合の違いについて教えて下さい。

ポイント

遺言書がない場合は遺産分割協議が必要となりますが，相続人間が「争族」の状態になると遺産分割協議がまとまりません。遺言書をあらかじめ作成することで，財産の取得者や相続分を指定することが可能となるため，相続人間の争いを回避することが可能です。

A

(1) 遺言書がない場合

遺言書がないまま相続が発生した場合は，遺産分割の手続きが必要です。遺産分割は，共同相続人間の協議によるのが原則で，1人でも同意しない相続人がいれば，遺産分割はまとまりません。民法上は遺産分割はいつまでにやらなくてはいけないという時期の定めはありません。しかし，相続税が発生するケースでは，申告期限の段階で未分割では特例が使えないなど不利益を被ります（**Q-58**を参照）。相続人間の仲が悪い，相続人以外の人にも財産を譲りたい場合などは，あらかじめ遺言書を作成し，遺産分割協議に持ち込まないことが重要です。

なお，遺産分割協議が不調または不可能なときは，家庭裁判所の遺産分割調停または審判を請求できます。ただし，実務上は当初から審判の申立てがおこなわれることは少なく，仮に審判事件として申し立てた場合でも，家庭裁判所の職権で調停にされることが多いです。調停が成立すると調停調書が作成され，その記載は確定判決と同一の効力を有します。

(2) 遺言書がある場合

遺言書があった場合は，遺言書に従った財産処分がおこなわれます。遺言では，特定の財産の取得者を指定することや，遺産分割方法の指定をすることなどが可能で，自分の財産を自分の死後も自由に処分できるようになっています。

遺言の内容を実現するには，さまざまな手続きが必要となりますが，その任に当たる遺言執行者を遺言で指定することができます。遺言執行者は遺言手続きに関する一切の権限を有し，相続人等がその執行を妨げることはできません。

遺言で各財産の取得者を決定したり，相続分を指定したりすることは，遺産分割での争いを未然に防止することになり，いわゆる「争族」対策に有効です。ただし，遺言書を作成する上では遺留分に対する注意が必要です。遺留分は，兄弟姉妹以外の法定相続人が最低限相続できる財産を保障するものです。遺言書の内容が遺留分を侵害していると，侵害された相続人から侵害額を請求されることがあります（**Q-59**を参照）。侵害額請求を受けた相続人は，侵害額を金銭で支払うことが必要となるため，遺言書作成の際には，遺留分を侵害している相続人はいないかを確認することが重要です。

Q-58　遺産分割協議の不成立

　遺言書もなく，相続人間で遺産分割協議もまとまりません。相続開始から10か月経っても分割協議が不成立のときは，家庭裁判所を利用しようと考えていますが，税務上どのような悪影響があるか教えて下さい。

ポイント

　遺産分割が未成立でも相続税の申告と納税は必要です。未分割では適用できない優遇規定があるので，多額の納税が発生することもあります。そのための追加の納税資金を用意する必要があります。税務署に相続税の申告書を提出するときに一緒に「申告期限後３年以内の分割見込書」を提出することを忘れないで下さい。

A

(1)　家庭裁判所の調停手続き

　乙類事件である遺産分割については，最初に調停として申し立てられ，話し合いがつかず調停が成立しなかった場合に審判手続きに移行します。また，当事者が審判を申し立てても，裁判官がまず話し合いによって解決を図る方がよいと判断した場合には，調停による解決を試みることになります。

　調停の席では，当事者の感情的な対立から冷静に話し合いができないといったことも多いようです。特別受益や寄与分に関する主張等もあるでしょう。被相続人の死亡を契機に，相続人間の感情的な対立が表面化し，調停が遅延することも珍しくありません。また，当事者の中には調停の場での話し合いを拒否する者もあるようです。

　紆余曲折があっても，なんとか遺産分割につき調停が成立すれば，その効力は，確定判決と同じ効力が生じます。しかし，調停手続きにおいても，

遺産の分割について共同相続人の意見がまとまらないときは，審判手続きに移行します。審判手続きでは，家庭裁判所の関与がより大きくなります。

(2) 家庭裁判所の審判手続き

審判事件は，裁判官である家事審判官が，当事者から提出のあった書類や家庭裁判所調査官がおこなった調査の結果など種々の資料に基づいて判断を下します。ほとんどのケースでは，法定相続分に従って遺産を分割する審判が下されています。この審判は，確定判決と同じ効力を有します。

このように審判分割では，実際のところ法定相続分によって遺産が分割されることが多いので，相続財産の大部分が自社株式というケースでは，経営支配権に大いに影響を及ぼします。また，不動産について売却して金銭で分ける旨の審判が下されることもあります。なお，調停も審判も非公開でおこなわれます。

審判の内容に不服があるときは，2週間以内に不服の申立てをすることにより，高等裁判所に再審理してもらうこともできます。不服申立てをしないで2週間を過ぎた場合や高等裁判所で不服申立てが認められなかった場合には審判は確定します。

【図表10−1】 家庭裁判所による調停手続き・審判手続き

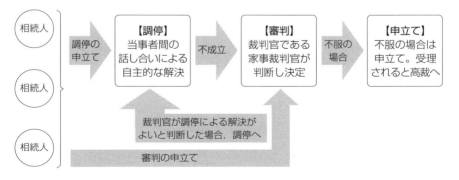

(3) **相続開始10年経過後も遺産が未分割の場合**

　令和3年4月の民法改正により，令和5年4月1日から相続発生後に長期間が経過した後の遺産分割方法が見直されています。改正前は家庭裁判所での遺産分割には，特に期限がありませんでした。改正後は相続開始時から10年が経過した後は，家庭裁判所に遺産分割調停の請求をしたとしても，法定相続分や指定相続分による分割しかできなくなり，具体的相続分が適用されないことになりました（民法904条の3）。

　具体的相続分とは，特別受益$^{(※1)}$や寄与分$^{(※2)}$などの個別の事情がある場合にこれらの事情を考慮した遺産の取得割合です。改正後は，基本的に，特別受益の持戻計算や寄与分を考慮した遺産分割協議はできなくなりました（経過措置あり）。なお，これはあくまで家庭裁判所での調停で制限が設けられたものであり，相続人全員の合意に基づく遺産分割協議の場合は10年経過後も引き続き具体的な相続分での分割は可能です。また，民法改正により，遺産分割協議に期限が設けられたわけではありません。

> （※1）「特別受益」とは，生前に被相続人から多額の贈与を受けていた相続
> 　　　人（特別受益者）がいる場合には，その金額を遺産に持ち戻すことに
> 　　　よって，公平な遺産分割を実現する制度のことをいいます。
> （※2）「寄与分」とは，被相続人の生前に，相続人が療養看護などによって
> 　　　被相続人の財産の維持・増加に通常期待されるような程度を超える貢献
> 　　　をしたという事情がある場合に，他の相続人よりも多くの財産を相続さ
> 　　　せることによって，共同相続人間の公平を図る制度のことをいいます。

(4) **未分割遺産に対する相続税の課税**

　遺産分割協議が不成立の場合は，未分割財産は共同相続人が法定相続分に応じて取得したものとして相続税の計算をおこない，相続税の申告期限（相続開始を知った日の翌日から10か月以内）までに申告と納税をしなければなりません。この場合，以下の優遇規定の適用を受けることができず，相続税額が高額になる場合もあります。

① 配偶者に対する相続税額の軽減

② 小規模宅地等についての相続税の課税価格の計算の特例

③ 特定事業用資産についての相続税の課税価格の計算の特例

　特に上記の①②は税額を大幅に軽減することが可能となるため，適用できない場合のその影響額は非常に大きいものとなります。極力未分割での申告は避け，遺産分割協議を相続税の申告期限までにまとめることが重要です。

　未分割で相続税の申告書を提出せざるを得ないときは，「申告期限後3年以内の分割見込書」を提出することを忘れないでください。この書類を提出している場合で本来の申告期限から3年以内に遺産分割が成立したときは，上記の優遇規定の適用を受け，相続税の還付を受けることができます。

⑸　根抵当権の設定登記の変更手続き

　相続が発生すると，3か月，4か月，10か月以内にそれぞれの重要手続きの期限が到来するため，実務上はその点を留意している方が多いと思います。

　つまり，家庭裁判所での限定承認または放棄の期限が3か月以内，準確定申告の申告・納付の期限が4か月以内，相続税の申告・納付の期限が10か月以内です。それに加えて，不動産に根抵当権の極度額を多額に設定している方なら6か月以内の期限についても知っておくべきでしょう。根抵当権の元本確定について説明します。

　根抵当権は一定の金額で発生した複数の取引を担保するもので，金融機関との間で極度額を決定し，その枠内で借入れをおこないます。

　この根抵当権の債務者兼担保提供者が死亡し，債務者としての地位を金融機関と相続人との合意により特定の相続人が承継することになった場合，

相続開始の日から6か月以内に登記する必要があります。この6か月以内に後継債務者を定める合意の登記をしないときは，根抵当権の担保すべき元本が相続開始の時に確定したものとみなされます。登記しないで6か月を経過すると普通抵当権と同じ担保権となるため，新たな借入れの際には抵当権を設定するか，新たに根抵当権を設定する必要があります。

　6か月以内に根抵当権を承継する相続人が決まった場合と6か月経過後に新たに根抵当権を設定する場合とでは，登記費用が異なります。6か月以内に債務者変更をおこなう場合は，根抵当権設定登記費用はかかりません。他方で，6か月経過後に新たに根抵当権設定登記をする場合は，根抵当権設定登記費用が発生します。根抵当権設定登記費用は，極度額の0.4％です。例えば2億円の極度額の設定であれば，2億円×0.4％＝80万円になります。

　根抵当権の設定がある場合は，6か月以内に債務の承継者が決定しなければ登記費用が余分にかかるため，その点からも遺産分割協議を迅速に取りまとめることが重要です。

第10章　資産承継のポイント　189

Q-59　遺留分減殺請求から遺留分侵害額請求へ

遺言書があり，資産を相続することになりましたが，他の相続人から遺留分侵害額請求を受けました。遺留分侵害額請求について民法の改正も踏まえて説明して下さい。

ポイント

遺留分を侵害する生前贈与や遺贈をおこなっても，それ自体は無効になりません。遺留分を侵害された者は，自分の遺留分を保全するのに必要な限度で財産を取り戻す権利を付与された状態になります（**Q-57**を参照）。

A

(1)　遺留分の侵害額請求権の意義

兄弟姉妹以外の法定相続人に対して遺留分を保障するという意味は，その一定割合をあらかじめ相続財産から取り除いてから相続人に分配することまで要求するものではありません。したがって，被相続人が遺留分を侵害する生前贈与や遺贈をおこなっても，それが当然に無効にはなりません。

生前贈与や遺贈によって遺留分を侵害された遺留分権利者に，自分の遺留分を保全するのに必要な限度で，生前贈与または遺贈を受けた者から取り戻す権利を付与しているにすぎません。これを遺留分侵害額請求権といいます。

(2)　侵害額請求権の行使方法

遺留分侵害額請求権の行使は，遺留分を侵害された者が，受贈者または受遺者に対して侵害額請求の意思表示をすれば足りるので，必ずしも裁判上の請求による必要はありません。侵害額請求の意思を受贈者または受遺者に確実に到達させる手段として，内容証明郵便が使われています。内容証明郵便を通じた侵害額請求によっても財産を返還してもらえないときは，

家庭裁判所に家事調停の申立て等をおこないます。

　令和元年7月1日から改正相続法が施行されていますが，改正前の遺留分減殺請求のもとでは，減殺請求を受けた者は，効力が消滅した遺贈または贈与の目的物が特定されている場合は，現物により返還することが原則とされていました。改正後の遺留分侵害額請求のもとでは，侵害額を算定して金銭で支払います。

(3) 遺留分侵害額請求の順序

　遺留分の侵害額請求の順序は，原則としてまず受遺者が負担し，それでも不足があるときにのみ受贈者が負担します。受贈者の負担は時間的に新しいものから順次さかのぼり，遺留分が満たされたところで終了します。

　また，遺贈が複数あるときは，受遺者の価額の割合に応じて按分して負担します。ただし，遺言に別の定めがあればそれに従います。

(4) 侵害額請求権の期間の制限

　遺留分侵害額請求権の行使は，遺留分権利者が，相続の開始および遺留分を侵害する贈与または遺贈があったことを知った時から1年間行使しないときは，時効によって消滅します。また，相続開始から10年間経過したときも同様に消滅します。

【図表10-2】　遺留分侵害額請求権の行使

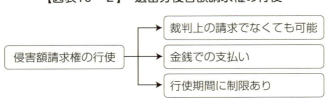

第10章　資産承継のポイント　191

Q-60　民法上の相続財産と相続税法上の相続財産

民法上の相続財産と相続税法上の相続財産は異なると聞きました。その違いについて教えて下さい。

ポイント

生命保険金や死亡退職金は，民法上は相続財産になりませんが，相続税法上はみなし相続財産として課税対象になります。また，特別受益となる贈与については，民法上は相続財産になりますが，相続税法上は一定の贈与しか相続財産になりません。

A

⑴　民法上の相続財産と相続税法上の相続財産

民法上の相続財産とは，被相続人の財産に属する一切の権利義務のことをいいます。相続税法上の相続財産は，民法上の相続財産にみなし相続財産（生命保険金・死亡退職金など）を加えるなど財産の範囲が異なります。

例えば，民法では相続財産とされない生命保険金などは，被相続人の死亡を起因として生じるものであるため，みなし相続財産として相続税の課税対象とされています。

また，相続税法上，相続開始前7年以内に相続人に対して贈与がおこなわれた財産は課税対象となりますが，それ以前の贈与財産は課税対象となりません（相続時精算課税制度による贈与を除きます。**Q-53**を参照）。しかし，民法上は，特別な受益（贈与）は相続分の前渡しであり，贈与を相続財産に加算して相続分を計算することにしています。これは，共同相続人の中に，被相続人から生前に贈与を受けていた者がいた場合に，この相続人が他の相続人と同じ相続分を受けるとすれば不公平になるため，相続人間の公平を図るために特別受益を持ち戻すこととされています。

(2) 遺留分の計算と特別受益

> 遺留分算定の基礎となる財産の価額
> ＝相続開始時の積極財産の価額＋一定の贈与財産の価額－債務の全額

　一定の贈与財産は，次の贈与による財産をいいます（民法改正による令和元年7月1日以後の相続より適用）。

- 相続人以外に対する相続開始前1年以内の贈与
- 相続人に対する相続開始前10年以内の婚姻，もしくは養子縁組のため，または生計の資本としての贈与（特別受益）
- 贈与の当事者が遺留分を侵害することを知って行った贈与

> 財産の評価時：相続開始時（遺留分計算の際の通説）
> 　金銭，不動産その他の財産は，贈与時の価額を相続開始時の価値に評価し直します。これに対して相続税法上は，過去の贈与はその贈与時の評価額で相続財産に加算します。

(3) 生命保険金

　生命保険金は，相続税法上，みなし相続財産として相続税の課税対象となりますが，民法上は相続財産ではありません。生命保険請求権は，保険事故を原因として受取人が固有の権利として取得するものとされています。生命保険金は特別受益にもあたらないため，遺留分算定の基礎となる財産からは除外されます（最高裁平成16年10月29日決定より）。一般には，相続財産が高額の生命保険金のみである等の特段の事情がない限り，特別受益とはならないと思われます。

　したがって，ある特定の相続人に財産を残したい場合，死亡保険受取人に特定の相続人を指定することで，遺留分等を考慮せずに，確実かつ安全に特定の相続人に渡すことが可能となります。

　相続発生後に金融機関の預金は凍結され，簡単に引き出しはできなくな

ります。遺産分割協議がまとまって名義変更するまでの間でも，日々の生活費のほか，固定資産税や修繕費などの支払いが生じ，相続人がその支払いに苦慮することがあります。保険金受取人にスムーズに保険金を受け取らせ，種々の支払いの助けとなることも保険の有効な機能の1つです。

(4) 計算例

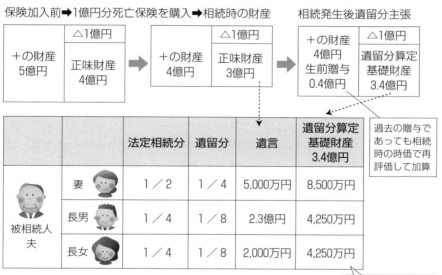

【図表10−3】 遺留分の計算例

[遺留分対策]
生命保険金は特別受益にはあたらないため，遺留分の対象財産から除外できる（最高裁平成16年10月29日決定より）
(※) ただし，相続財産のうち生命保険金の占める割合が大きければ判断が変わる可能性があります

長男が受け取る保険金1億円は長男の固有財産 ➡ 遺留分の対象外

Q-61 家族構成と財産の分割①—概要

家族構成と財産の分割の方法はどのように考えればよいですか。

ポイント

　誰が，何を，どのように取得するか事前に検討をおこない，方針を決定したのちは遺言書を作成し，相続人による遺産分割協議にもちこまないことが重要です。不動産の共有は次世代（子供の代）で解決できないのなら，避けるべきでしょう。

A

(1)　分割対策の重要性

　相続財産が現金預金のような流動性の高い財産だけであれば，遺産分割は容易です。しかし，国税庁発表の相続財産の金額の構成比を見ると，土地・建物がおおよそ40％ぐらいになっており，相続財産に占める不動産の割合は相変わらず高いといえます。特に地主の家で相続が発生すると，相続財産の大部分が土地と建物ということになるでしょう。

　地主も郊外の地主と都心の地主とでは様相が異なります。郊外の地主は土地が広く，アパートを複数所有しているイメージです。それに対して，都心の地主は土地はそれほど広くなくても，大きなビルを1棟所有しているようなイメージです。例えば東京の山の手線内で土地を所有し，そこに10階建ての事務所ビルを建てているような人です。ビルの建築時に銀行で調達した借入金がまだ残っている場合は，分割しにくい財産の典型例となります。

　生前に財産の承継を考える際，最も重要なことは家族構成です。自分には子供が何人いるのか，その子供は結婚しているのか，独身なのか，孫はいるのかいないのか，といったことです。そして2次相続（配偶者の相

続）まで終わった段階で子供にどのように承継させたいのかを決めて下さい。不動産を中心とする財産があまりに分割しにくいケースだと，生前に財産を組み替えることも検討します。

戦後の民主主義が浸透した現在においては，長男以外の兄弟姉妹の平等意識を無視することはできません。2次相続では親がいません。遺言がなければ，子供だけで遺産分割協議をおこないます。紛争が起きやすい状況です。

相続税の節税よりも財産承継をより重視すべき時代はすでに到来しているといえます。まず，財産の分割方針を決定し，遺言書を作成し，その分割方針に従って，相続税の節税を考えるのがよいでしょう。

(2) **不動産共有のデメリット**

共有不動産は，共有者全員の同意がなければ売却や建替えはできません。また，共有不動産は固定資産税などの経費も発生し，その負担についても親族間で問題になる場合があります。1度共有にしてしまうと，共有を解消しようにも，贈与税や所得税等の問題が発生し，解消は困難です。したがって，売却や物納を前提としている場合以外は不動産の共有は避けるべきです。

父親と長男といった親子でいったん共有し，父親の相続時には長男が取得するといった形の共有は問題ありませんが，長男と次男の共有といった兄弟間の共有はなるべく避けるべきです。長男と次男に相続が発生した後はいとこ同士の共有となり，その不動産につき何も決めることができなくなる可能性が高いからです。それゆえ兄弟間の共有の場合には，その代のうちに共同で売却するなど何らかの方針を持っておく必要があります。

なお，例外的に大地主の案件ではあえて共有で相続し2次相続が終了した後，複数の共有地を固定資産の交換特例を使って，共有から単独名義に直すという手法を採用することがあります。

(3) 収益物件を複数保有する

収益物件を複数保有することを心掛けることは，不動産の共有を避けるための対策として有効です。その場合，子供の数を意識した財産の分割方針をあらかじめ決めておくことが重要です。その方針に従えば，例えばまとまった土地に大きな収益建物を1棟建てるより，土地の最有効活用を多少犠牲にしても，その敷地に建物を2棟建てることがその人にとっての最適解になるかもしれません。

(4) 1度に多額の現金預金を相続させたくないとき

子供に多額の現金預金を1度に相続させたくないと希望する人がいます。自分の子供あるいは結婚相手に浪費癖があるとか，孫の教育費や子供の老後資金として長期間にわたって徐々に渡していきたいとき，そういう希望を持つようです。1度に多額の現金預金を相続させたくない場合は，次のような対策が考えられます。

① アパートを相続させ，アパートの家賃収入を引き継がせる
② 個人年金保険を相続させ，年金として少しずつ金銭を取得させる
③ 国債や投資信託等を相続させ，利子や収益分配金をもって金銭を取得させる
④ 信託契約を締結して，第三者に財産の管理・運用を任せる

第10章　資産承継のポイント　197

【図表10－4】　収益物件を複数保有

子供1人 （A）	子供2人 （A，B）	子供3人 （A，B，C）
自宅 A	自宅 A	自宅 A
収益物件 A	収益物件 A	収益物件 A
	収益物件 B	収益物件 B
		収益物件 C

・不動産の共有は避ける

【1度に多額の現金預金を相続
させることを回避したい場合】

・アパートの収入

・個人年金の受取り

・投資信託等の収益分配金

Q-62 家族構成と財産の分割②―無償返還届出書を活用した分割

無償返還届出書を活用した財産の分割の方法について説明して下さい。

ポイント

建物だけを所有する不動産保有会社に相続発生後に相続で取得した土地を譲渡して，相続人は相続税の納税資金を得るプランと，土地の共同利用形態を建替え時に単独利用形態に直すプランを紹介します。なお，法人の出資者に関する考え方は**Q-27**を参照して下さい。

A

(1) 事例1

【図表10－5】 無償返還届出書を活用した分割事例①

① 土地・建物個人保有　➡　② 建物を法人に売却　➡

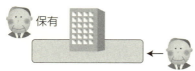

無償返還の届出書を税務署に提出。
S社は地主に通常の地代を支払う。
S社は長男が出資して設立した法人。

③ 相続により長男が土地を取得　➡　④ 長男は土地をS社に売却

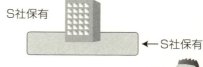

長男は取得費加算の特例を使う。
土地の売却代金を相続税の納税に充てる。

生前に建物だけ不動産保有会社に売却し，相続発生後に相続人が相続で取得した土地を不動産保有会社に売却して，相続税の納税資金に充てるプランです。土地の売却には，取得費加算の特例（**Q-51**と**Q-52**を参照）の適用を受け，その譲渡に係る所得税等の負担を軽減します。不動産保有会社が役員に給与を支払うのを抑え内部留保に努めていれば，土地の購入資金を自己資金で賄うことができるかもしれません。また，金融機関からの融資を検討することになるかもしれません。どちらにしても相続で取得した土地を税コストを抑えて不動産保有会社に移転することができる方法です。

(2) 事例2

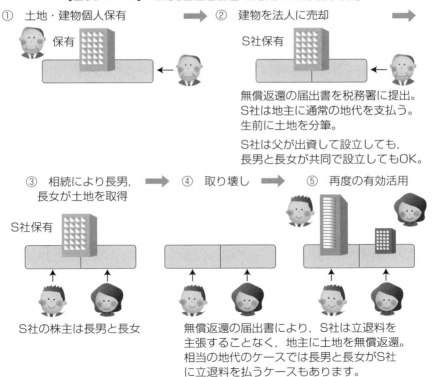

【図表10－6】　無償返還届出書を活用した分割事例②

相続人が相続発生時にあらかじめ分筆されていた土地を相続により取得し，共有を避けるプランです。例えば，被相続人である父が生前に不動産保有会社に建物だけ売却あるいは新築をおこない（無償返還方式の採用。**Q-18**から**Q-23**を参照），父の相続発生後は，分筆された土地を長男と長女がそれぞれ相続します。土地は共同利用し，法人所有の収益建物の敷地になっていますが，建物の建替え時に，不動産保有会社は地主である長男と長女に土地を無償で返還します。土地返還後は，分筆した土地ごとに建物を建築します。この場合，建物の名義は，土地の所有者である個人でもよいし，不動産保有会社でもよいでしょう。不動産保有会社の場合は，長男・長女それぞれで不動産保有会社を設立し，その法人名義で建築することも考えられます。

広い土地を相続時にはいったん共同利用せざるを得ないものの，将来的に共同利用を解消したい場合に有効な方法です。

第10章　資産承継のポイント　201

Q-63　家族構成と財産の分割③──会社分割の活用

会社を２つに分ける会社分割が「争族」対策に有効と聞きました。
会社分割について説明して下さい。

ポイント

　株式が分散する前に創業者等が生前に会社分割を利用して会社を２つ以
上に分け，事業後継者ごとにそれぞれが承継すべき会社の株式を相続させ
るプランです。生前に会社分割するとしないとでは事業承継・財産承継の
観点からは大きな差が生じます。

A

　不動産保有会社を会社分割により，複数の会社に分割します。法人税法
上は，適格分割の形で会社分割をおこなえば，分割時に課税されません。
また，土地・建物を別法人に分割すると登録免許税は普通に課税されるも
のの，不動産取得税は一定の要件を満たせば課税されず，移転コストを抑
えて会社分割をおこなうことが可能です。

　会社分割後は，遺言書を作成し，それぞれの会社の株式の承継者を明確
にするなど，承継者に確実に各会社の株式が承継される準備をおこないま
す。

(1) 事例1

【図表10-7】 会社分割を利用した分割例①

【父が生前に会社を分割して，相続で子供が不動産賃貸業をそれぞれ承継】

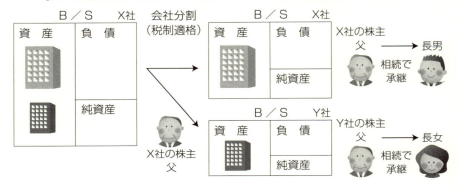

　図表10-7は会社分割により，不動産ごとに会社を別にするプランです。会社分割しないで，会社の株式を長男・長女それぞれが相続により取得すると，たとえるなら会社を共有する状態になります。事前に会社分割をして，会社ごとに株式を相続により取得させることで，会社の共有を避けることができます。

(2) 事例2

【図表10-8】 会社分割を利用した分割例②

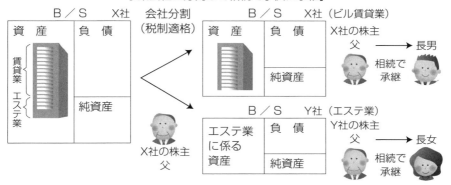

　図表10-8は不動産賃貸業以外の事業もおこなっている場合に，事業ごとに会社を分割するプランです。事例では，ビル賃貸業とエステ業に会社を分割して，長男にビル賃貸業を，エステ業を長女に承継させています。会社分割をしないで，会社の株式を長男・長女それぞれが相続により取得すると，まるで会社を共有するような状態になります。1つの会社の中に不動産賃貸業以外の事業がある場合は，事業ごとの収支が不明瞭で，事業ごとの方針をめぐり，長男と長女で意見が対立することも考えられます。人事の問題では，そもそもどちらを社長にすべきかで揉める可能性があります。事業ごとに会社を分割することで，各事業を別々に経営できるようになり，分割をしない場合に想定されるような長男と長女で意見が衝突するような事態を未然に防ぐことが可能です。

【編著者紹介】

小林　浩二（こばやし　こうじ）

昭和40年生まれ。早稲田大学卒業後，外資系証券会社等の勤務を経て，現在，朝日税理士法人代表社員。税理士。
【主な著書】
「中小企業経営承継円滑化法による事業承継対策Q＆A」（共著・中央経済社）
「非上場株式の納税猶予制度による事業承継対策Q＆A」（共著・中央経済社）

【著者紹介】

木屋　正樹（きや　まさき）

昭和51年生まれ。慶應義塾大学卒業後，大手食品メーカーの勤務を経て，現在，朝日税理士法人パートナー。税理士，CFP。
【主な著書】
「中小企業経営承継円滑化法による事業承継対策Q＆A」（共著・中央経済社）
「非上場株式の納税猶予制度による事業承継対策Q＆A」（共著・中央経済社）

中嶋　貴浩（なかじま　たかひろ）

昭和51年生まれ。成蹊大学卒業後，監査法人系の税理士法人を経て，現在，朝日税理士法人パートナー。税理士。

不動産保有会社の相続税対策Q&A〈第6版〉──有利選択・設立・活用のすべて

2012年12月20日　第1版第1刷発行	
2013年 4月30日　第1版第3刷発行	
2013年 9月20日　第2版第1刷発行	編著者　小　林　　浩　二
2014年 2月20日　第2版第3刷発行	著　者　木　屋　　正　樹
2014年 7月10日　第3版第1刷発行	中　嶋　　貴　浩
2015年 8月25日　第3版第4刷発行	発行者　山　本　　　　継
2017年 8月 1日　第4版第1刷発行	
2017年11月25日　第4版第2刷発行	発行所　㈱中　央　経　済　社
2021年10月 1日　第5版第1刷発行	発売元　㈱中央経済グループ
2024年10月10日　第6版第1刷発行	パ ブ リ ッ シ ン グ

〒101-0051　東京都千代田区神田神保町1-35
電話　03（3293）3371（編集代表）
　　　03（3293）3381（営業代表）
https://www.chuokeizai.co.jp
印刷／㈱堀内印刷所
製本／㈲井上製本所

© 2024
Printed in Japan

＊頁の「欠落」や「順序違い」などがありましたらお取り替えいたしますので発売元までご送付ください。（送料小社負担）
ISBN978-4-502-51551-4　C3034

JCOPY〈出版者著作権管理機構委託出版物〉本書を無断で複写複製（コピー）することは，著作権法上の例外を除き，禁じられています。本書をコピーされる場合は事前に出版者著作権管理機構（JCOPY）の許諾を受けてください。
　JCOPY〈https://www.jcopy.or.jp　eメール：info@jcopy.or.jp〉